DEBUT D'UNE SERIE DE DOCUMENTS
EN COULEUR

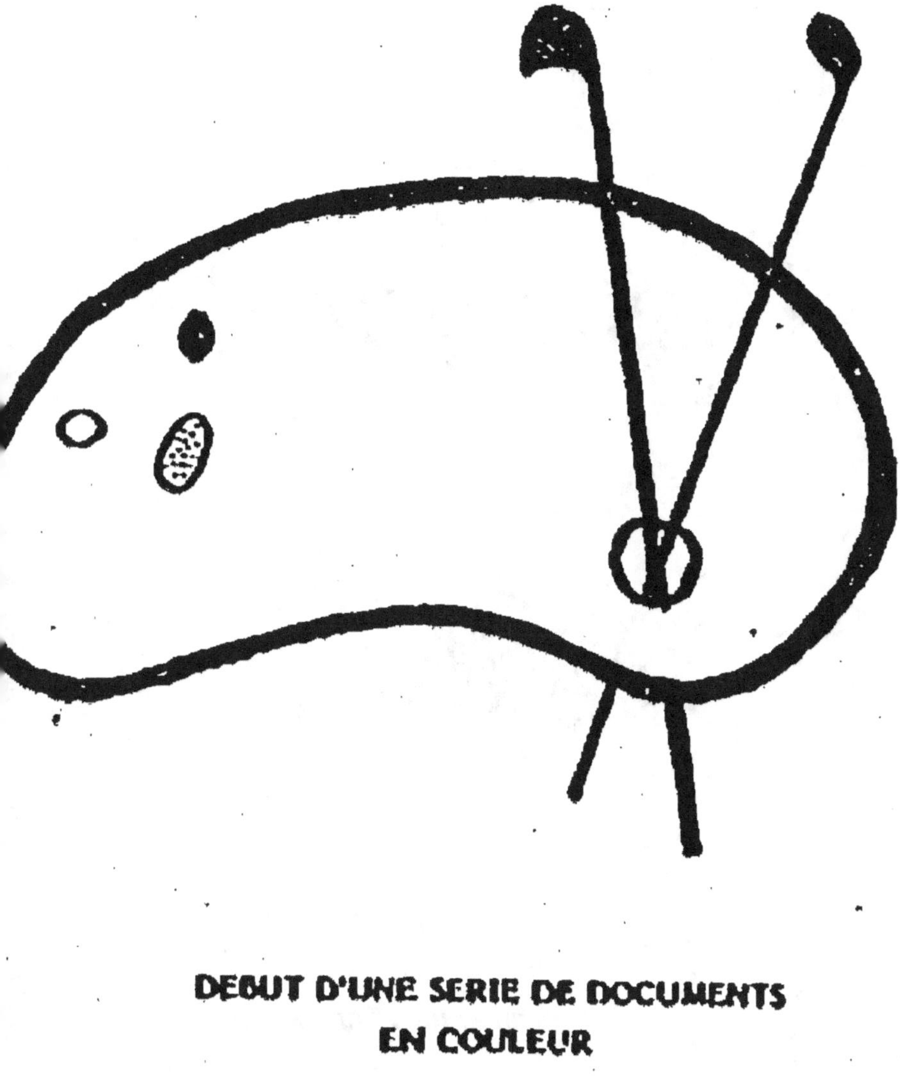

ART ET ESTHÉTIQUE

Études publiées sous la direction de M. PIERRE MARCEL

Aman-Jean

Velazquez

LIBRAIRIE FÉLIX ALCAN

LIBRAIRIE FÉLIX ALCAN, 108, boulevard Saint-Germain, Paris.

BIBLIOTHÈQUE DE PHILOSOPHIE CONTEMPORAINE

ESTHÉTIQUE

(Extrait du Catalogue)

ARRÉAT (L.). **Mémoire et imagination** (*Peintres, musiciens, poètes, orateurs*). 2ᵉ édition. 1 vol. in-16. . . . . 2 fr. 50
— **Art et psychologie individuelle.** 1 vol. in-16. . . . . 2 fr. 50
BAZAILLAS (A.), docteur ès lettres, prof. au lycée Condorcet. **Musique et Inconscience.** *Introduction à la psychologie de l'inconscient.* 1 vol. in-8. 5 fr.
BOURDON, prof. à l'Univ. de Rennes. **L'expression des émotions.** 1 vol. in-8. . . . . 7 fr. 50
BRAUNSCHVIG, docteur ès lettres. **Le sentiment du beau et le sentiment poétique.** 1 vol. in-8. . . . . 3 fr. 75
BRAY (L.). **Du beau.** 1 vol. in-8. . . . . 5 fr.
FIERENS-GEVAERT. **Essai sur l'art contemporain.** 2ᵉ éd. (*Couronné par l'Académie française*). 1 vol. in-16. . . . . 2 fr. 50
— **Psychologie d'une ville.** *Essai sur Bruges.* 3ᵉ édit. 1 vol. in-16. . 2 fr. 50
— **Nouveaux essais sur l'art contemporain.** 1 vol. in-16. . . . . 2 fr. 50
GUYAU (M.). **L'art au point de vue sociologique.** 8ᵉ édit. 1 vol. in-8. 7 fr. 50
HERCKENRATH (C. R. C.). **Problèmes d'esthétique et de morale.** 1 vol. in-16. . . . . 2 fr. 50
HIRTH (G.). **Physiologie de l'art.** Traduction et introduction par L. Arréat. 1 vol. in-8. . . . . 5 fr.
LALO (Ch.), docteur ès lettres. **Esthétique musicale scientifique.** 1 vol. in-8. . . . . 5 fr.
— **L'esthétique expérimentale contemporaine.** 1 vol. in-8. . . . 3 fr. 75
— **Les sentiments esthétiques.** 1 vol. in-8. . . . . 5 fr.
LOMBROSO (César). **L'homme de génie.** 4ᵉ édit. 1 vol. in-8, avec planches. 10 fr.
NORDAU (Max). **Psycho-physiologie du génie et du talent.** Traduit par A. Dietrich. 4ᵉ édit. 1 vol. in-16. . . . . 2 fr. 50
PAULHAN (Fr.), correspondant de l'Institut. **Le mensonge de l'art.** 1 vol. in-8. . . . . 5 fr.
— **Psychologie de l'invention.** 1 vol. in-16. . . . . 2 fr. 50
PÉLADAN. **La philosophie de Léonard de Vinci.** 1 vol. in-16. . . 2 fr. 50
PÉRÈS (Jean), professeur au lycée de Caen. **L'art et le réel.** 1 vol. in-8. 3 fr. 75
PIDERIT. **La mimique et la physiognomonie.** Traduit de l'allemand par M. Girot. 1 vol. in-8. . . . . 5 fr.
PRAT (Louis), docteur ès lettres. **L'art et la beauté.** 1 vol. in-8. . 5 fr.
ROUSSEL-DESPIERRES (Fr.). **L'idéal esthétique.** 1 vol. in-16. . . 2 fr. 50
— *Hors du scepticisme.* **Liberté et beauté.** 1 vol. in-8. . . . . . 7 fr. 50
RIBOT (Th.) de l'Institut. **Essai sur l'imagination créatrice.** 3ᵉ éd. 1 vol. in-8. . . . . 5 fr.
SÉAILLES (G.), professeur à la Sorbonne. **Essai sur le génie dans l'art.** 2ᵉ édition. 1 vol. in-8. . . . . 5 fr.
SOURIAU (Paul), professeur à l'Université de Nancy. **L'esthétique du mouvement.** 1 vol. in-8. . . . . 5 fr.
— **La beauté rationnelle.** 1 vol. in-8. . . . . 10 fr.
— **La suggestion dans l'art.** 2ᵉ édit. 1 vol. in-8. . . . . 5 fr.
STAPFER (P.), prof. honor. à l'Univ. de Bordeaux. **Questions esthétiques et religieuses.** 1 vol. in-8. . . . . 3 fr. 75
UDINE (Jean d'). **L'art et le geste.** 1 vol. in-8. . . . . 5 fr.
WAYNBAUM (Dʳ I.). **La physionomie humaine.** 1 vol. in-8. . . . 5 fr.

1586-12. — Coulommiers. Imp. PAUL BRODARD. — 3-13.

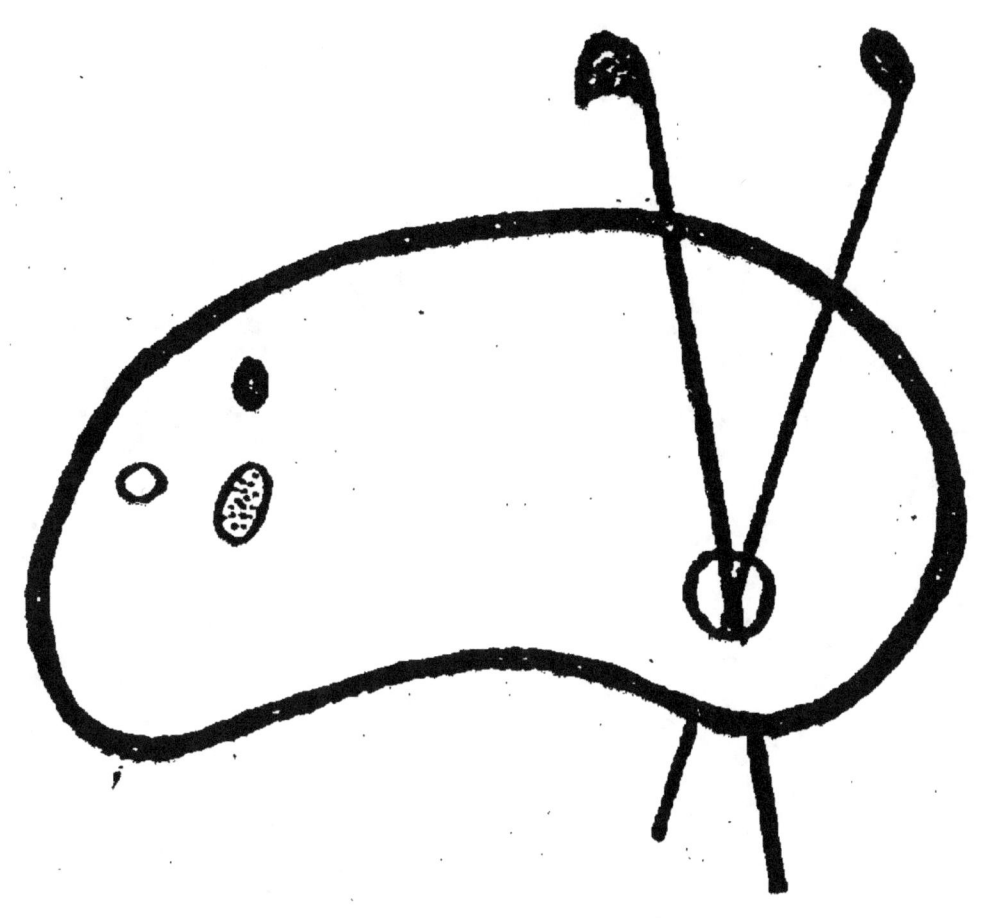

**FIN D'UNE SERIE DE DOCUMENTS
EN COULEUR**

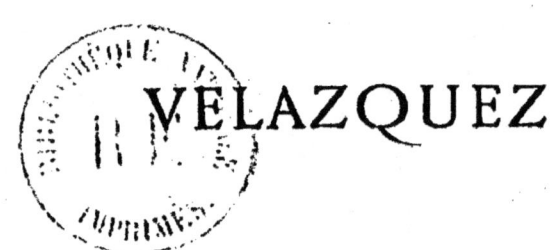

VELAZQUEZ

ART ET ESTHÉTIQUE

VELAZQUEZ

PAR

AMAN-JEAN

AVEC 24 PLANCHES HORS TEXTE

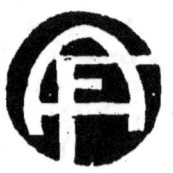

PARIS

LIBRAIRIE FÉLIX ALCAN

108, BOULEVARD SAINT-GERMAIN, 108

1913

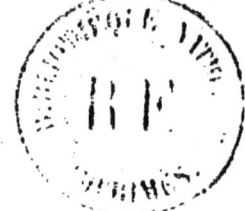

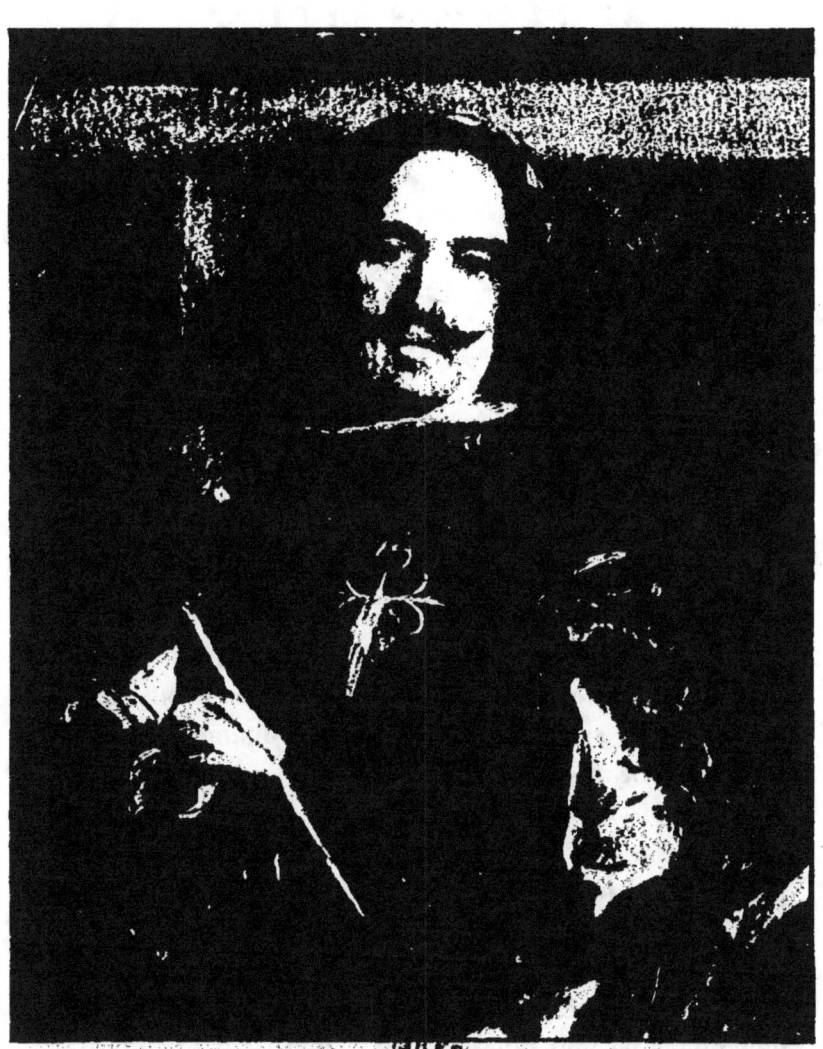

PORTRAIT DU PEINTRE (FRAGMENT DES MENINES)

(Musée du Prado.)

VELAZQUEZ

INTRODUCTION

S'il n'est le plus grand artiste, il est peut-être le plus
grand peintre. Il est même si prodigieusement peintre
qu'il peut n'être que cela, et que cela, poussé au degré
qu'il atteint, suffira pour que son œuvre reste parmi les
plus hautaines productions d'art. Hors de tout sujet, de
tout arrangement de composition ou de lignes, la peinture, de par sa qualité propre, individuelle selon chaque
peintre, peut si bien subsister par elle-même, qu'il a pu
faire de la beauté avec des monstres : il a peint des bouffons, des fous, des difformes ; sur le même tableau,
une crétine hydrocéphale est à côté de la petite
infante dont les cheveux sont de la couleur du sable des
grèves avant que la vague ne l'ait mouillé ; il a peint des
philosophes à faces de ruffians, des buveurs à têtes de
gueux. L'École espagnole est terre à terre, les peintres
de ce pays ne font que ce qu'ils voient, leur imagination
est simple. Velazquez a fait un dieu Mars qui n'est que
l'académie d'un modèle, moins noble, tout dieu qu'il l'a

voulu, que n'est le chien assis près des jambes de l'infant Carlos.

On a de lui des *Bodegones*, natures mortes dans des intérieurs de cuisines, et aussi des scènes populaires dans des faubourgs de Séville, sortes de beuveries picaresques, cabarets à la Van Ostade, sans toutefois l'irrémédiable bassesse du Flamand. Les choses les plus ordinaires n'ont de vulgarité que selon le peintre. Les maîtres ennoblissent : un arbre, un fusil, un cheval, ont chez Velazquez toute leur noblesse, j'allais dire leur *grandesse*, car toute chose a sa noblesse chez lui, comme toute chose d'ailleurs est noble en Espagne.

Il a peint les fous des rois comme il a peint leurs chiens, comme il les a peints eux-mêmes, avec la même vérité, sans plus d'émotion en peignant le roi que le bouffon ou le chien. Avant tout il est peintre ; tout lui est modèle : infante et ses ménines, princesse ou fileuse. Le sort qui lui est favorable veut qu'il n'ait sous ses yeux que des spécimens affinés de la race. Il en ressent l'élégance et sait la rendre, car de lui-même il va vers des forgerons ou des mendiants que la postérité baptisera philosophes; mais il est si beau peintre qu'il les voudra de la même matière que le roi ou son ministre : sous son pinceau, des difformes vont devenir les frères des beaux soldats de Bréda.

Cela est d'un art prodigieux dont le style n'est dû qu'au don de peindre, à la qualité du métier ; non du métier appris, mais de cette formule qu'un maître trouve lui-même quand il est arrivé à ce degré où le besoin d'exprimer est bien en rapport avec ce qu'il voit. Quand la pensée et la main sont d'accord, la maîtrise est atteinte. La beauté est faite ici de la matière, de la substance même de la peinture, de tout ce qu'il y entre d'expérience sans adresses inutiles. Il touche le degré rare où le peintre n'est qu'un peintre. L'art naît du métier. Le bel artisan va transfigurer l'ingrate matière, la rendre savoureuse et parlante. Il n'est pas certain qu'il ait été un artiste au sens scolaire et selon des lois apprises, il n'est pas utile qu'il ait été cela, ou s'il le fut, ce ne fut que ce moment de la vie que traversent les forts, ceux qui à leur heure savent secouer le bagage canonique des écoles, n'en gardent que le rudiment utile, y ajoutant la saveur de leur nature puissante. Son art, sans intellectualité voulue ou apparente, va naître de ses seuls pinceaux ; il est le magicien dégagé, aux œuvres simples, d'apparence facile, impossibles à d'autres, partant uniques.

Que pour représenter des monarques, de plus courtisans cherchent des attitudes, des trônes, des couronnes posées sur des coussins. On ne verra pas sur ses tableaux des génies ailés levant de lourds rideaux en soufflant dans des trompettes qui claironnent la gloire du règne ; il n'y aura pas aux pieds du souverain les cornes d'où s'échappent en abondance les fruits que donne la terre du royaume. Il n'a besoin de si pompeux appareil. La majesté est de par son peintre plus majestueuse sans ses attributs, sans globe ni main de justice, sans même les griffons redoutables qui tiennent les rébus impérieux des armes parlantes. Il n'a que faire d'une noblesse facile et convenue. Il a dû peindre ses modèles ainsi qu'il est lui-

même, en être de belle race, qui, dans ses heureux dons,
trouve la sûreté d'où naît l'œuvre, sans douleur apparente
ni grands tâtonnements, ainsi qu'il convenait avec des
modèles, ne daignant poser qu'à leurs heures.

On devait le mépriser tout en l'estimant. La surprise
de ce qu'il réussissait si bien, la faveur du roi indiquant
l'admiration, devait être sauvegarde aux critiques niaises,
mais devait d'autant plus amener cette considération
condescendante et courtoise du grand seigneur qui souvent ne comprend pas, pour l'homme de métier dont le
travail plaît et surprend. L'urbanité du temps voulait
cette façon d'être ; l'humanité a peu varié depuis. Ce n'est
que seul, au tréfond de lui-même, dans le magnifique isolement de sa supériorité qu'il devait avoir conscience de
l'artiste qu'il était, très loin et très au-dessus des pré-
séances ou des intrigues, faisant partie de la cour sans
être le courtisan parasite qui ne donne rien en échange des
faveurs du prince. A ses heures, il est un cavalier heureux
et de belle prestance. La critique, chez nous si sottement
développée, est sans doute chez lui nulle ou pas gênante ;
il est de la cour et il croit à la cour ; il a des appointements. Il n'est peintre que campé devant un tableau, le
pouce de la main gauche traversant la palette ; il est
même de tous les maîtres le seul que par l'imagination
on puisse voir au travail ayant une épée au côté. Il
sait comment se cabrent les chevaux dressés de façon
savante, qui font des grâces de cirque, leur épaisse crinière lourde et tressée en grosses nattes terminées de
rubans roses. On est écuyer soi-même quand sur ses

tableaux on fait si bien chevaucher ses modèles. Il faut avoir été de la familiarité des grands pour savoir si bien l'attitude des reines, et comment les infantes tiennent une rose à la main.

Il y a d'autres maîtres, producteurs d'autres émotions; mais lui, il est le peintre, celui qui va donner la vie et la réalité supérieure aux beaux êtres qui posaient devant lui dans de beaux atours ; — tout comme au siècle qui va suivre, Chardin fera poser de beaux fruits pour faire ses tableaux dont la saveur est également due à la perfection de la peinture.

PREMIÈRE PARTIE

LES RACINES

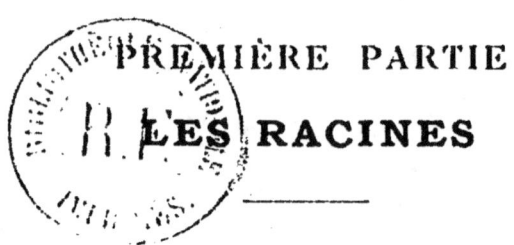

L'Espagne victorieuse des Maures. — Les jardins d'Espagne. —
L'art arabe. — Le génie de l'Espagne. — La chevalerie. —
Ignace de Loyola et sainte Thérèse d'Avila. — Le style
jésuite. — L'Escurial. — Le peuple d'Espagne.

Sous Velazquez, c'est-à-dire sous Philippe IV, l'Espagne possède encore Naples et Milan, puis la Sardaigne,
la Sicile, les Flandres ; une partie énorme de la côte
d'Afrique ; des royaumes en Asie avec tout le rivage de
l'Océan des Indes. Du Texas et au delà de l'Équateur,
jusqu'au Paraguay et l'Argentine, toute l'Amérique
latine parle sa langue, sauf le Brésil qui cependant est
soumis et lui appartient. Elle a des îles innombrables
depuis Madère à sa porte jusqu'aux Philippines dans la
mer d'Asie. Elle a déjà perdu la Hollande, le Roussillon,
le Portugal ; elle est à la veille de perdre la Flandre, le
Brabant, la Franche-Comté. La tempête a depuis un
certain temps fait s'entrechoquer les galères de son
Armada, Condé vient de détruire son armée : l'Espagne
s'use.

Les unes après les autres, ses possessions vont s'égrener comme un rosaire dont le fil est brisé ; elles retrouveront leur liberté ou d'anciens maîtres. Le rosaire aura été long à semer ses grains, puisque nous venons d'être témoins de la perte de son archipel des Philippines dans la Mer Jaune, et de sa belle Cuba dans l'eau chaude des Antilles. Il lui reste Porto-Rico, Saint-Domingue, miettes de l'immense empire, et à ses pieds les Présides d'Afrique, domination définitive sur les mauresques vaincus. Comme un témoignage de puissance passée, il lui reste aussi de savoir que l'espagnol est avec l'anglais la langue la plus parlée sur terre.

Le grand service historique que l'on doit à l'Espagne est d'avoir pu chasser les Maures de cette partie de l'Europe Occidentale à l'heure où les Turcs, qui à leur tour égrènent leur empire, envahissaient la partie opposée : Grenade perdue, Constantinople prise. Maintenant, au spectacle qu'on en a, et où il semble qu'elle soit sur le chemin d'une grandeur nouvelle, retrouvant un sursaut d'ardeur à la poursuite du vieil ennemi, de nouveau elle passe l'eau ; l'Espagne s'implante sur la côte infidèle. Si de ses possessions perdues, il ne reste que sa langue parlée aux bords d'un autre océan, il lui est encore présent le vieux devoir de défendre aux mécréants le passage de ce bras de mer. C'est la consigne donnée par les rois catholiques, et qui, transmise, est encore observée. Le rôle historique de l'Espagne est d'être la sentinelle qui, sur une pointe d'Europe, regarde vers la côte d'Afrique.

Quand Velazquez, aidé de Gonzalez, représente Phi-

lippe III équestre, le cheval piaffant sur place, et que sous
le ventre de la bête on voit se rider en coquilles régu-
lières une Méditerranée tranquille, le roi victorieux est
sur la côte de Tanger ; c'est une terre vaincue que foule
son cheval dont la crinière est éparse, une cocarde rose
fixée entre les oreilles, le cavalier portant un chapeau
d'alguazil et une écharpe qui, comme la crinière du cheval, flotte au vent de mer. Si le temps permettait aux
peintres d'avoir encore l'audace de ces anciennes et
charmantes flagorneries des arts de cour, et surtout si
les rois ne s'exposaient pas aux misères des objectifs de
photographes, c'est également sur la côte africaine que
pourrait être représenté le roi actuel, équestre et vainqueur sur la terre de Melila, avec de la bienveillance et
de la jeunesse dans les yeux, contraste à son menton
lourd, à sa lippe ancestrale.

L'œuvre de l'Espagne aura donc été de chasser les
Maures de Grenade. Ce fut, si l'on peut dire, sa fonction
géographique. Elle eût failli en ne le faisant pas. Notre civilisation, qui, en art, tire parti de toutes choses, aura fait des
turqueries de toutes sortes, des giaours et des sultanes ;
de Zaïre aux Orientales du romantisme, c'est un sérail de
mahométanes voilées et charmantes, une panoplie de
sabres recourbés et d'Othellos à dents blanches. Outre
cela, et en dehors d'un pittoresque entretenu, on ne voit
guère ce que l'Europe gagne à ce qu'il y ait encore des
Turcs à Constantinople. Les traces que l'Espagne a lais-
sées de ses belles heures valent bien, je pense, ce qui
pourrait subsister d'art arabe s'il en avait été moins

détruit. Certes, on peut toujours exprimer des regrets sur
ce qui n'existe plus, mais n'a-t-on pas satisfait à la civilisation si l'on a rendu par son art l'équivalent de ses des-
tructions ? S'il y avait un calife à Cordoue et pas de musée
au Prado ? Si tout ce pays hispano-mauresque était
encore au pouvoir de ces hommes dédaigneux, hermé-
tiques, méprisants pour ces chrétiens qui ne s'habillent
pas de voiles blancs, qui ont les pieds serrés au lieu de
traîner des babouches, qui boivent du vin et n'avouent
qu'une femme ?

Si cela était, il y aurait sur notre continent un spectacle de vie biblique et pastorale farouchement conservé
par ceux qui le plus au monde ont la haine de ce qui
change. Il y aurait chaque année au Salon de peintures
beaucoup de petits ânes gris, de femmes voilées à des
fontaines ou accroupies sur des marches, marchandes
de beaux fruits couverts de mouches, faisant le geste
nonchalant qui pour un moment va déplacer les mouches
en frôlant les fruits sucrés d'un éventail de feuillages.
On verrait un pacha justicier le long d'un mur blanc dans
la cour d'une mosquée; sans doute, non loin de là, quelques têtes coupées signifiant que justice vient d'être faite.
On verrait Tolède élevant au-dessus des méandres du
Tage les silhouettes crénelées de ses minarets blancs, et
entre deux créneaux le muezzin chanter le soir, sur la
ville assoupie. Tout cela serait d'un grand charme ; mais,
si dans la balance de ce qui fut voulu, le génie arabe
l'avait emporté et si Velazquez n'était pas, le dommage
pour l'humanité serait bien plus grand.

Je prie de croire qu'il ne rentre en rien dans mon esthétique l'idée de dénigrer pour exalter plus facilement. Je
ne plaide pas. J'essaie de dire pourquoi ma sensibilité est
plus grande ici que là, pourquoi je me suis retrouvé dans
un pays et comment je me suis senti étranger dans
l'autre ; pourquoi enfin, je me suis passionné pour cet art
espagnol si près de nous, qui nous montre de belles bêtes
humaines, tandis que l'absence absolue d'humanité
m'éloigne de l'art arabe.

Pourtant, les petits jardins des Alcazars sont curieux.
On croirait pour un moment vivre et respirer dans
l'atmosphère des miniatures persanes. Velazquez, qui
est né à Séville, a vu ces jardins : ce sont des miniatures
de jardins faits pour des gens qui ne se promenaient pas.
Au ras du sol, de petits bassins bas, sans vasque, et une
rigole de marbre pour l'écoulement de l'eau. Jardins
de pays de pierres et de soleil rageur, où la terre végé-
tale peu profonde est un luxe étant une volupté
pour les fraîches paresses, où les arbres et les fleurs
sont un luxe aussi grand. Sous l'implacable lumière,
quand on sent qu'en effet il n'y a qu'à attendre l'ombre
que l'heure amènera, quand l'air même ne bouge plus, on
pense aux grandes ramures projetant de vastes ombres ;
quand ici ce sont seulement des sortes de cours qui,
entre leurs murs, gardent un peu de la fraîcheur des nuits.
Cloîtres où au centre poussent immobiles des plantes
rares, et où flotte le parfum méditerranéen lourd et
chaud de la tubéreuse à odeur de cadavre. Il vient au
souvenir que l'on pourrait être dans le jardin du cantique

des cantiques, dans la partie réservée aux aromates précieuses, là où certains jours s'entendait la voix du bien
aimé, où la sulamite aux seins d'ocre et aux yeux de
gazelle aurait demandé au petit bassin la fraîcheur de son
eau pour ses pieds brûlants.

Redoutable comme une armée qui passe.

On est loin des Habsbourg d'Espagne.

Si de Séville et de son Alcazar on monte à cet acropole
maure qu'est l'Alhambra de Grenade, après avoir erré
dans toutes ces chambres, on est subitement frappé
de ce que cet art a d'impersonnel et d'anti-humain. Ce
sont à l'infini des combinaisons d'ornements qui s'entre-
lacent, vont, viennent, repassent, formant des arabesques
charmantes et ingénieuses. Les caractères de l'écriture
ont eux-mêmes une forme et une valeur décorative, des
vers ou des sentences soulignent la courbe d'un arc, ou
entourent des chapiteaux. Mais ni les lettres ni les mots
n'ont de sens! pour nous qui ne comprenons pas, ce ne sont
plus que des ornements presque semblables aux autres :
ils n'amènent pas ce repos ou ce travail de l'esprit
qui suit la maxime peinte sur un cadran solaire, ou quelques mots rencontrés en feuilletant les images d'un livre.

Les fenêtres sont closes des mêmes entrelacs, moucha-
rabiehs au travers desquels les femmes regardaient de
leurs yeux d'odalisques bleuir les cimes de la Sierra. Derrière ces découpures se voit un des plus beaux paysages du
monde ; il y est toujours. Ce qui est à tout jamais disparu,
c'est l'influence de ce peuple déchu qui, jadis, avait con-
quis ce paysage, y était sensible, l'aimait comme on aime

sa conquête, quand les petits chevaux rosés, couleur
de porcelaine, galopaient au rivage de la mer Maugrabine,
comme sur une fresque de Chavannes galopent les chevaux blancs des anciens Grecs aux bords de la mer d'Ionie.
Ces hommes fiers, drapés de blanc, animaient ce palais
déserté, qui n'est plus maintenant que le squelette d'une
demeure qui fut vivante et somptueuse, pleine de beaux
tapis aux couleurs sonores, de musiques rauques, de
danses calmes. Ces murs réduits à l'état de musée ont
enfermé de l'histoire ; ils témoignent à leur manière ; ils
donnent par leur décor l'idée de ce que devaient être
toutes les autres productions des artistes arabes. Il y
avait, ainsi qu'en tout art qui mérite ce nom, une unité
qui voulait que la poignée d'un sabre s'apparentât à
l'architecture. Tout était d'accord... Ah, les armes du
temps de l'Alhambra ! Comment avoir été vaincu avec
de si merveilleuses armes ? L'épée de Ferdinand était
donc plus belle que celle de Boabdil ?

Ce paysage, changeant comme la mer, coloré comme
le sont les pierres précieuses, la fierté de ces hommes
semblables à des bas-reliefs, et la grâce des chevaux et
la grâce des femmes, il est défendu à l'art de les reproduire: le prophète ne veut pas. Aussi a-t-on l'effroi de
ces vies d'architectes, d'artistes, dont le cerveau avait
l'unique obsession de ces ornements qui se répètent,
courant à l'infini sous les voûtes et sur les murs, si
peu changeants que, variés cependant, ils ne le paraissent
pas, et que pour se rendre compte de leur variété il faut
faire effort. Et ceux pour qui on a bâti ces maisons ne

voulaient pas d'effort. Pour eux, la vie devait couler doucement comme l'eau des petits bassins, régulière et lente. Sous la monotonie de la grande lumière, leurs jours devaient se suivre comme se succédaient les chambres du palais, semblables ou peu différents. Tout ce travail d'abeilles ou de fourmis, des hommes ont pu le faire, inlassablement, sans que leur apparaisse le besoin de l'individualisme, l'affirmation de la personnalité qui brise les formules. Malheur à qui est incapable de révolte, l'esclavage le guette; et pourtant une quiétude est dans la redite éternelle des choses enfin trouvées.

Une fois passée la surprise première de cette féerie musulmane, malgré la lassitude qu'amène le pesant de ces voûtes pourtant faites de détails, malgré tout, cet art est sauvé par des proportions heureuses et des lignes magnifiques. Le fouillis de ce travail a des repos. Dans la cour des Myrthes on ne parle qu'à peine et à voix basse ; il semble que des paroles violentes rideraient la fontaine ; des sultanes noyées doivent dormir sous cette eau ; tout y est paix et silence. De grandes lignes qui sont les courbes des arcades, vont rejoindre les chapiteaux avec tant de grâce et de force que cela est comme l'arrondi d'un beau bras de femme qui ferait un beau geste. Ces lignes des arcatures paraissent un moment vouloir se rejoindre, puis s'arrêtent, juste à la mesure qui convient, rejoignent leurs colonnes, donnant aux arcs la forme du fer à cheval. Cela est une perfection. La mosquée de Cordoue est la répétition infinie de ces mêmes arceaux, comme les murs de l'Alhambra redisent sans cesse les mêmes ornements.

L'art arabe se cache. Il est sans révélation extérieure. On ne peut, à l'aspect de ces hauts murs rougeâtres, supposer ce qu'ils renferment : édifices sans visage dont la somptuosité ne sera que pour qui passe le seuil et pénètre dans la pénombre fraîche des salles où les ors des voûtes chantent doucement tant que le jour dure. Ses trésors sont cachés comme dans la caverne des contes. C'est un art sémite qui ne révèle pas au dehors ses trésors enfouis. Le passant n'a pas à s'arrêter : pour lui, pas de statues à regarder ni d'inscriptions à lire ; et quand on entre, une fois rassasié de cet enchantement, on n'emportera pas la révélation émue et mystérieuse de l'art à représentation humaine.

Je veux parler de la commotion qui brusquement se dégage d'une œuvre que cependant on croyait bien connaître, et qui, un jour apparaît telle qu'on ne l'avait jamais vue : nouvelle, plus heureuse, transfigurée, provoquant cette sorte d'épanouissement de soi-même qui signifie que l'on vient de mieux voir et de mieux comprendre. On sent qu'on monte dans la compréhension de ce qui est beau. L'œuvre, pourtant connue, se révèle, vous fouille au plus profond, en même temps se donne tout entière. Alors il y a communion entre celui qui voit et la chose regardée. Mais cette révélation du mystère enfermé en un travail d'homme ne peut venir que des arts qui reproduisent les formes humaines. Là, tout se retrouve. Une œuvre définitive qui a en elle sa part d'éternité,

est comme la petite cassette des mythologies : tout y
est selon notre faculté de découvrir. La beauté qui
semble fixée est changeante selon nous-même ; elle
obéira au gré de nos variations comme la voile gonflée
de la fortune obéit aux caprices du vent. Quelquefois la
chose charmante et connue ne répondra pas, semblera
grise et terne, boudeuse ; tantôt elle nous haussera à sa
mesure, elle résonnera de toute la tension de notre
sensibilité. Mais cela ne se produit que dans l'art supérieur où, inconsciemment représenté, on se retrouve. Où
prendre sa rêverie si ce n'est à ceux qui continuent leur
rêve en l'immobilité de leur effigie, aux visages profonds
ou singuliers entrevus sur une fresque ou dans un tableau ?
L'art sans humanité ignore le geste harmonieux et juste,
la couleur sobre, le beau dessin souple et fort, dont
le trait éloquent exprime le galbe des formes divines.
Qui donc fera Aphrodite sur l'écume des vagues ? Imagine-t-on une littérature qui ne reproduirait pas les
passions humaines ? L'art qui s'y refuse est de lui-même
un art qui veut mourir. Traduire géométriquement des
observances religieuses est chose trop lointaine ; ce n'est
plus que curiosité d'archéologue. Les Arabes ne faisaient
pas les mêmes oraisons que le Greco et Velazquez. Sans
doute est-ce là le secret des différences.

La terre fait les hommes comme elle fait les autres
fruits. Le sol d'Espagne a rejeté le fruit arabe, il faut
maintenant qu'il produise le sien. Depuis le départ des
Maures il va peu à peu se créer une atmosphère essen-

Pl. II.

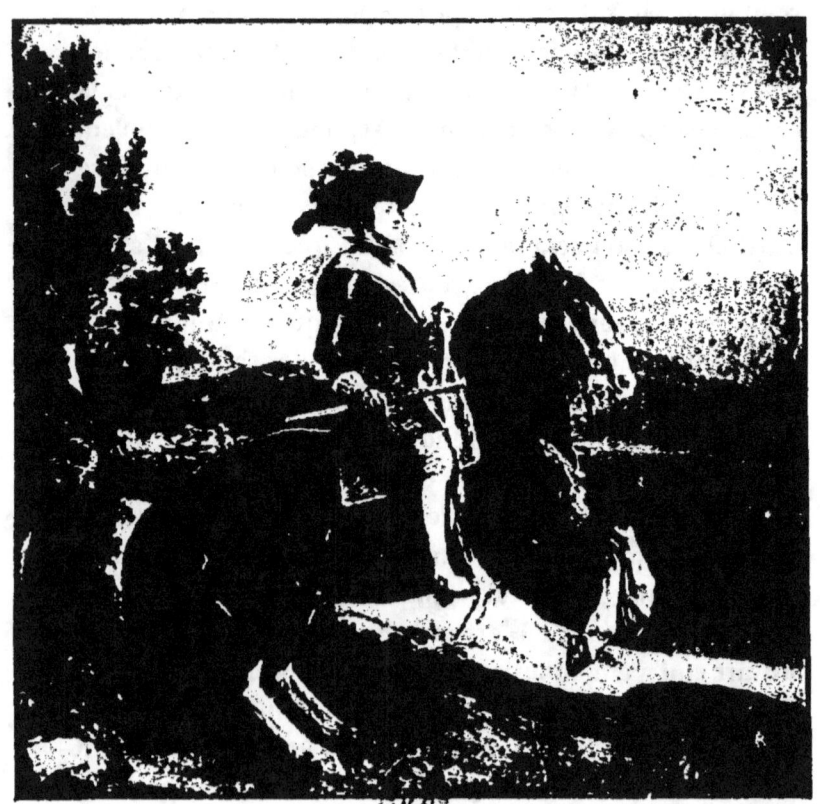

PORTRAIT ÉQUESTRE DE PHILIPPE IV

(Musée du Prado.)

tiellement espagnole, sans emprunt d'aucune sorte.
Le génie particulier au pays va lentement se former ;
il se dégagera du creuset mystérieux où entre un composé de tout ce qui doit faire le caractère d'une nation.
Le surchauffement qui fait le civilisé va faire le peintre,
ainsi que dans un coin de serre une plante plus belle
aura profité de plus de lumière. L'Espagne n'est pas,
comme d'autres parties d'Europe, une terre qui a pu
profiter de ce que les voyageurs laissaient de leur passage. Ce n'est pas un chemin. Encore maintenant l'Espagne ne mène nulle part ; pour aller vers ses anciennes
possessions, il faut s'embarquer à d'autres ports que les
siens. Quand on passe les Pyrénées, c'est pour elle seule.
Par son isolement géographique elle devait se créer une
originalité, être vraiment elle-même, la grande, la rude,
la fière Espagne. La plante qu'elle va produire sera tout
cela ; et si ce pays, en tout mesuré, doit avoir quelques
peintres de la plus haute qualité, il en aura peu.

Il ne connaîtra pas la richesse des Écoles nombreuses
comme la péninsule voisine, l'Italienne, baignée de la
même mer, et à qui il fera connaître partiellement la
servitude, quand les armes d'Aragon seront sculptées
aux angles des édifices de Naples, qu'il aura un vice-roi
à Palerme, un autre à Milan. Qu'importe que le courage
soit accompagné de fanatisme, de férocité même, ou de
cet impérieux besoin de vengeance qui est une forme
de la dignité jamais satisfaite, et qui semble particulier
aux époques fécondes et créatrices d'art! Les passions
ont leur rayonnement. Les fanatiques et les sectaires

agissent et fécondent. Rien ne se ferait sans Médicis ou
Borgia. Ce qui importe, c'est que les triomphants
soient des bâtisseurs et que la postérité enregistre de
belles œuvres. Bonaparte qui commence en Italie sa vie
de condottiere, la termine en Espagne ; là il est chez
lui, il pénètre en vainqueur jeune et heureux, ici il est
battu. La différence des deux pays est là tout entière ;
l'Italie sourie à tout venant, l'Espagne n'a que le sourire fané des portraits de ses Infantes.

Sa terre est sans tendresse. L'immense plateau des
Castilles roussâtres paraît peu peuplé, les villages sont
rares, éloignés. On voit labourer le sol avec la charrue primitive des Chartreux du temps de saint Bruno. On passe
des torrents à demi secs. On roule longtemps dans des
pays de pierrailles, dont les buttes supportent des ruines,
squelettes des castilles qui couronnaient les hauteurs.
Aux stations, des ânes, la tête basse, portent d'énormes
besaces ; leurs jambes fines et droites supportent le fardeau comme deux petites colonnes accouplées ; leurs
oreilles horizontales semblent de velours gris. Les paysans
sont vêtus de blanc et de noir. On a l'impression qu'on
frôle une austérité. A peine au delà des monts, passé la
grâce des provinces de France, on est devant ce pays
comme devant un livre qu'on sait être d'une lecture
grave et dont la reliure est simple, sans surcharge de
dorures, mais de cuir fauve, de la couleur de ce sol lui-
même.

Il y a dans la tenue des gens une sorte de guindé qui
est de la noblesse naturelle. Il n'y a pas le laisser-aller

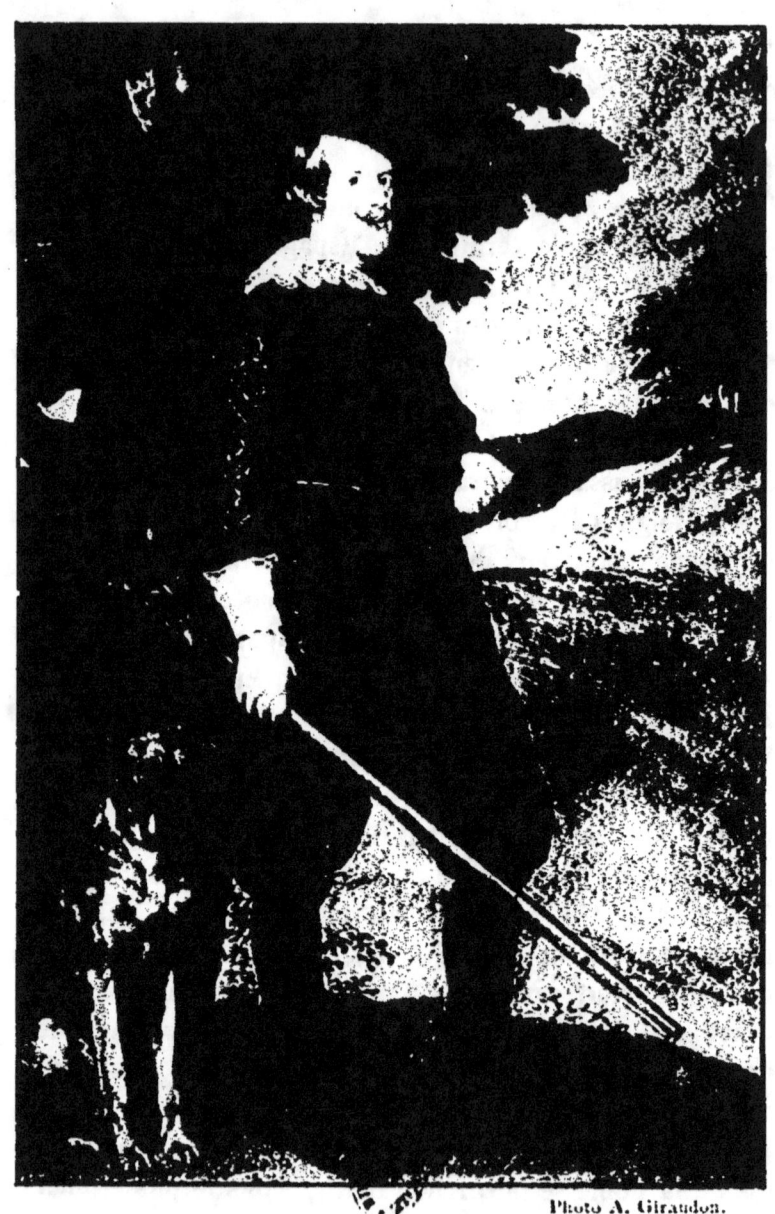

Photo A. Giraudon.

PORTRAIT DE PHILIPPE IV EN CHASSEUR

(Musée du Prado.)

séduisant, qui tout de suite vous gagne et fait qu'en
Italie on est acclimaté. C'est le pays qui sait le mieux
les distances. En Toscane, autour de Florence, les roses
qui dépassent les murs des villas accompagnent le voyageur qu'elles semblent attendre et suivre; elles rendent le
chemin charmant en faisant oublier qu'il est poudreux.
Ici, la nature est parfois rébarbative, ne se livre pas tout
de suite et veut être comprise avant de dire ses séduc-
tions; c'est une conquête qu'il faut se donner la peine
de faire. L'Italie, au contraire, vient au-devant de vous,
fait des signes, accorde ses mandolines et frotte de résine
l'archet de ses violons. L'Espagne attend qu'on vienne,
et une fois venu, c'est-à-dire arrivé à la compréhension
du génie espagnol, on s'y nourrit par ses peintres d'une
substance solide, sans subtilités pour l'esprit comme
sans bassesse matérielle; on n'aura ni les délicieux
quatrocentistes ni l'enchanteur Watteau; on ira du
Greco à Goya, et ce dernier ne se départira jamais lui-
même de sa gravité d'Espagnol: il aura de l'amertume
visible à travers les ricanements de ses *Caprices*.

La civilisation a passé au-dessus de pays fortunés,
elle a laissé tomber de ses graines qui ont germé. C'est
en Italie, terre d'éruption et de tendresse ardente qu'a-
près la nuit byzantine devait venir l'aurore de temps
nouveaux et naître saint François, le mendiant d'Assise. C'est de lui qu'est né l'amour des choses et des
créatures, des arbres et du ciel. Quand nous trouvons
que le cou de la jeune fille est fait pour le collier
qui l'enserre, que les fruits sont faits pour l'arbre qui les

porte, que l'œuvre divine est sans reproche et que le nuage qui passe est semblable à nos sensations, ces fugitives, qui si elles nous reviennent se sont transformées en la route parcourue, c'est à saint François que nous devons tout cela, le sens de la beauté éparse, et aussi le sentiment de notre misère et de notre impuissance devant elle. C'est de ce que dans une petite ville aujourd'hui morte, il est né jadis un affolé d'amour, qui en était si plein, qu'il a pu en répandre à éclabousser le monde.

Où parler aux poissons et prêcher aux oiseaux, où s'adresser aux colombes en les délivrant des cages de l'oiseleur, où étreindre « mon frère le loup » si ce n'est sur le chemin de Gubbio, sous le ciel de l'âpre et douce Ombrie ? Encore maintenant, aux belles heures, entre Foligno et Pérouse, tout crie l'immense amour de l'idéal franciscain. D'ailleurs, quand tout ne chante pas, tout parle en ce pays. Les sources y sont abondantes, l'eau est chaste, des saints dans leur niche veillent sur sa pureté, là où autrefois il y avait des nymphes embusquées aux fontaines. De belles histoires, de jolis mensonges, d'ardentes amours et toute une idolâtrie encore subsistante sont nés entre ce ciel et ce sol, flottants en une brume de poésie que les hommes respirent. Les beaux corps nus des Sébastiens martyrs disent l'offense qu'il y a à percer de flèches tant de grâce et de jeunesse. Parfois on exhume un marbre qui fut un dieu jadis, beau encore de ses mutilations mêmes, évocateur du temps de Diane et des cultes lointains. Partout se retrouve

ce dont est composé la saveur passionnément mystique
des *Fiorelli* de saint François. De ville en ville on est
suivi par un charme très grand mélangé de rudesse
parfois sauvage ; au parfum des cloîtres à l'abandon
s'ajoutent l'odeur monastique des grands couloirs aux
murs peints, et la richesse d'art des églises emplies
de chefs-d'œuvre, et la douceur des vierges en robes
bleues, le front bombé, le geste craintif devant l'ange
annonciateur.

De tous temps des dieux ont habité cette vieille terre ;
et là où les dieux demeurent c'est que la terre est propice
à leur divinité. L'encens qui leur est dû vient du sol.
C'est avec de la glèbe d'Etrurie que les potiers antiques
ont tourné les vases rouges où sur les panses païennes on
a tracé les histoires des divinités premières ; c'est de cette
même terre recouverte d'émail que plus tard seront
faites les madones des della Robia.

Un vent qui venait de Grèce a passé sur l'Italie ;
le vent qui a passé sur l'Espagne venait des pays maures
et de Chaldée, parfumé de dictame, chargé de l'odeur
des gazelles, des herbes séchées, des caravanes et des
campements où autour des tentes erraient les filles
de Sulem. Ce sont elles, les ardentes qui, maintenant,
portent le châle noir dont les effilés rebondissent sur les
talons de bois, quand leurs pas résonnent sur les pavés
pointus des rues de Tolède ; maugrabines casquées de
cheveux noirs dont les torsades ont des lueurs bleues
ainsi que les raisins au moment d'être cueillis. L'ethno-
graphie révèle leur sang biblique, et quand elles sont

maintenant agenouillées sur les dalles des églises, devant
l'or des retables ou derrière les grilles ouvragées qui
enferment l'ombre des chapelles, elles ne révèlent leur
présence que par les battements de l'inlassable éventail.

On trouvera peut-être qu'il est vain de chercher le
pourquoi des choses, leur source, ou leur déclin; de tâcher
de savoir pour ensuite essayer de mieux dire et leur éclat
et leur influence. A quoi bon ? Velazquez fut un grand
maître, il appartient au xviie siècle et s'il est entre les
grands de cette époque, n'est-ce pas avoir tout dit ?

Pour un artiste le don domine l'homme et le mène
jusqu'au bout de sa destinée. Si cela n'était une simpli-
fication trop facile, on pourrait se contenter de dire :
Il fut le plus doué de tous les peintres. Cette formule
résumerait aussi notre Chardin et ce sont les deux seuls
auxquels elle semble pouvoir si bien s'adapter. Pour
Velazquez, le travail est aisé, le modèle est tout: le don
fait le reste. Que le modèle s'adapte au peintre, convienne
à son tempérament, le tableau est fait. Et ici il y a une
affinité absolue entre le peintre et ses modèles ; ils sont
faits l'un pour l'autre. Il y avait dans les attitudes une
noblesse éparse, une dignité partout répandue, il l'a vue
et fixée. Un maître semble créer, il ne fait que prendre
ce qui était à prendre, ce que tout autre pouvait voir,
mais que seul il a vu. Si cela se produit bien à son heure,
s'il n'y a pour les amateurs de tous les temps d'autre
surprise que la satisfaction de jouir d'une œuvre bien
venue, alors le maître ne connaît pas les déboires des

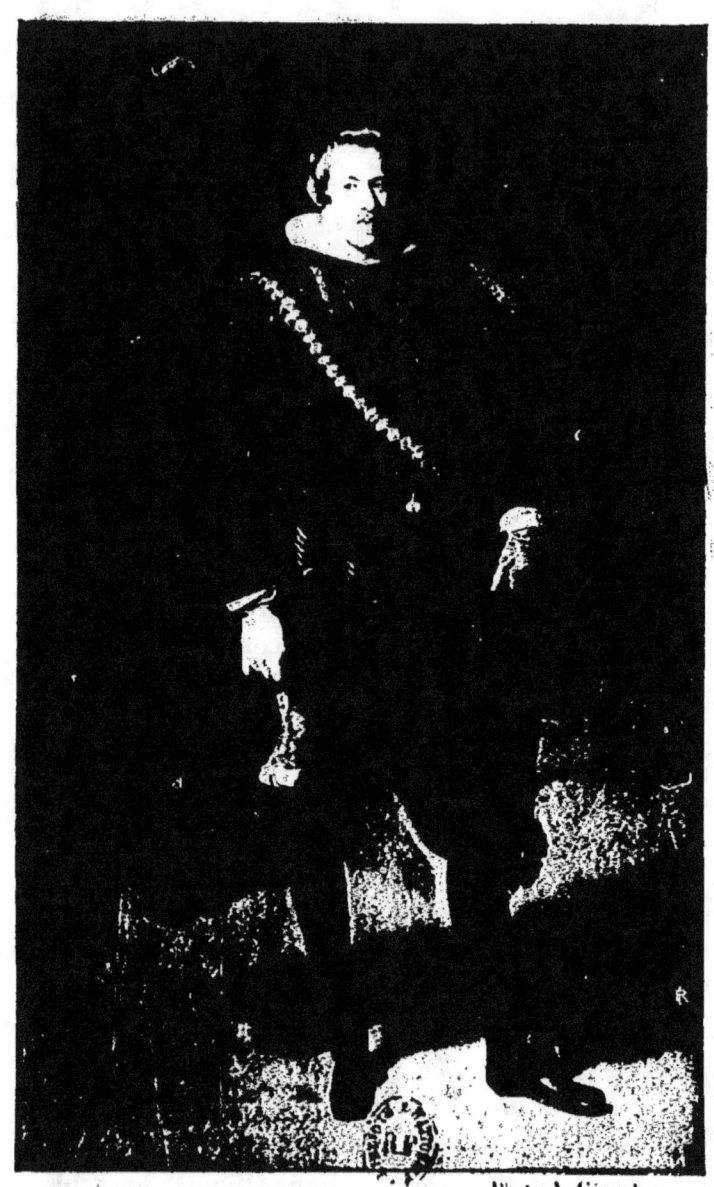

Photo A. Giraudon.

PORTRAIT DE DON CARLOS, FILS DE PHILIPPE III

(Musée du Prado.)

précurseurs, de ceux dont la production prématurée est incomprise, provoquant la risée parce qu'elle vient trop tôt.

Il y a dans l'humanité un culte touchant pour les choses qui se meurent. Certains seront de parti pris toujours d'avant-garde, d'autres, au contraire, aimeront dans leur pensée assoupie revivre un passé que leur rêve colore et enveloppe de charme. Cela est savoureux. Mais la passion dont ceux-là seraient capables est comme entourée de ces bandelettes qui suppriment toute action et empêchent de se lever du doux sarcophage où le rêve se poursuit.

Au siècle d'avant Velazquez, ce qui pouvait rester de chevalerie déclinante, fière et pauvre, un peu ridicule dans sa facilité à redresser les torts d'autrui, va fournir les éléments avec lesquels Cervantès construit son Don Quichotte ; fantoche imprécis et vivant, droit et beau comme un clair et heureux symbole de l'Espagne au moment de Lepante et de l'Armada. Je ne veux pas dire qu'en le faisant Cervantès avait un culte pour ce qui disparaissait, je veux seulement dire qu'il le faisait en artiste, au moment exact où une brume définitive allait recouvrir ce passé curieux, et que jamais image plus vraie ne fut mieux dessinée à l'heure où le type en allait disparaître. Personnage fait de substance espagnole, qui se meut et respire dans l'atmosphère espagnole, comme plus tard La Fontaine donnera pour la France l'impression de la moelle française.

Le grand thorax de lévrier de Don Quichotte est rempli

par son cœur. C'est le triomphe de ce qu'il croit, qui dans
sa tête d'halluciné prend toute la place. Tout illuminé
ou tout idéaliste sera de même. Pour ceux-là le rêve
ne sera jamais atteint, leur royaume ne sera jamais de
ce monde; pour eux il y aura toujours à faire ici-bas : la
chère lutte est la plus grande part de leur vie généreuse.
Le peintre qui veut sa perfection poursuit l'idéal qu'il
s'est fait selon sa force et à sa mesure. La peinture est
une Dulcinée elle aussi, fille de l'esprit qui, toujours
poursuivie, toujours échappe, et que les passionnés
de leur art poursuivront toujours sans relâche. C'est
le sort de tous les possédés, de tous ceux que
talonne un idéal, d'aller haletant le bras tendu vers
la Dame toujours fuyante. Ceux-là mêmes qui, par
leurs œuvres, donnent le mieux la sensation de l'équilibre ont dû connaître cette non-satisfaction de toute
la vie et l'incessante poursuite.

Don Quichotte bafoué subit l'éternel destin de ceux qui
seront des incompris parce qu'ils devancent leur temps
ou qu'ils retardent sur lui. En art, un idéal supérieur
connaîtra toujours la moquerie, tout au moins l'indiffé-
rence. M. Maurice Barrès, en parlant si parfaitement
du *Greco,* signale, en passant, la sottise du bedeau qui,
à Tolède, devant ce chef-d'œuvre qu'est *l'Enterrement
du Comte d'Orgaz,* en montre la partie supérieure, mouve-
mentée, superbe, troublante, et attendant l'approbation
du visiteur, lui dit : « le fou », *demente.* Rappelons-nous
les rires imbéciles devant les fresques de Puvis de Chavannes maintenant belles et classées ! c'est que l'art est

une aristocratie et que l'hostilité du nombre est une consécration.

Je ne voudrais pas qu'il me soit reproché de vouloir trop de choses ; j'assure que je ne suis pas savant. J'essaie de dire ce qui a précédé le beau peintre qui nous occupe, parce qu'il me semble que rien n'est sans racines, que tout a une explication, qu'il faut dire ce qui précède, comme d'autres diront ce qui a suivi. Je le dis comme les êtres et les choses viennent et passent, se présentant à l'esprit ainsi que dans un musée se présentent les tableaux, avec la confusion de sujets différents, qui s'alignent sur la même cimaise et vous fait passer d'un siècle à un autre siècle, d'une belle nudité à un portrait de reine à collerette empesée.

Il faudrait qu'en lisant ces pages on ait le souvenir du *Pelele*, ce tableau de Goya qui représente quatre filles qui tiennent chacune l'angle d'un drap et font sauter un petit mannequin. Les rusées mâtines ont le costume des madrilènes du temps de Charles III, le mannequin porte un habit dont les basques font à chaque saut des volutes un peu ridicules qui se déploient et retombent au gré des filles et de leur jeu. Ces pages sont comme ce mannequin, elles ne suivent pas le droit chemin, elles vont à leur fantaisie, selon leur caprice, rebondissant bien ou mal, comme le *Pelele*, qui s'élève et retombe sous l'impulsion donnée par les quatre filles.

Donc, s'il n'est pas trop vain de faire s'entrechoquer les idées et les hommes, et d'essayer de montrer toute l'intensité d'un temps qui va trouver sa fleur dernière

en un beau peintre, ne vient-il pas à l'esprit que saint
Ignace de Loyola est le chevalier frère et émule de Don
Quichotte ? Mieux que cela, saint Ignace, c'est Don
Quichotte même, c'est le Chevalier de la Foi qui combat
pour le ciel comme l'autre pour sa Dame. Tous deux
sont terriblement espagnols et jusqu'à l'outrance représentent ce qui, pour nous, à distance, peut faire le Chevalier et le fondateur d'Ordre. Ce sont deux soldats. Ce
sont deux Espagnols. La Compagnie de militants de
saint Ignace triompha parce que ce saint fut debout
à l'heure où la lutte devenait nécessaire. Pour lui
ainsi que pour Thérèse d'Avila, patronne très révérée
de l'Espagne, ainsi que pour tous les passionnés
chercheurs de beauté ou d'aventures, ils n'auront entrevu
leur rêve que dans des béatitudes futures.

François d'Assise ne pouvait respirer que l'air doux
de cette Ombrie qui a fait de lui le saint poète. Le
soldat passionné que fut saint Ignace ne pouvait venir
que de l'ardent pays de Biscaye, voisin des plaines
calcinées de la Manche que Cervantès fait parcourir à
son pauvre fou généreux, à l'armure ridicule et bosselée,
au cheval étique. Tout l'amour du moyen âge s'échappe
des mains percées de François d'Assise; il est la volupté
de croire ; de ses stigmates s'élancent les traits d'or qui,
de ses mains et de ses pieds mutilés montent droits vers
le ciel, ainsi qu'on le voit dans les peintures primitives
des giottesques. Ignace est le saint créateur aux moyens
nouveaux. Par lui va venir la discipline moderne qui
entretiendra ou ranimera la Foi. Il naît dans le nord,

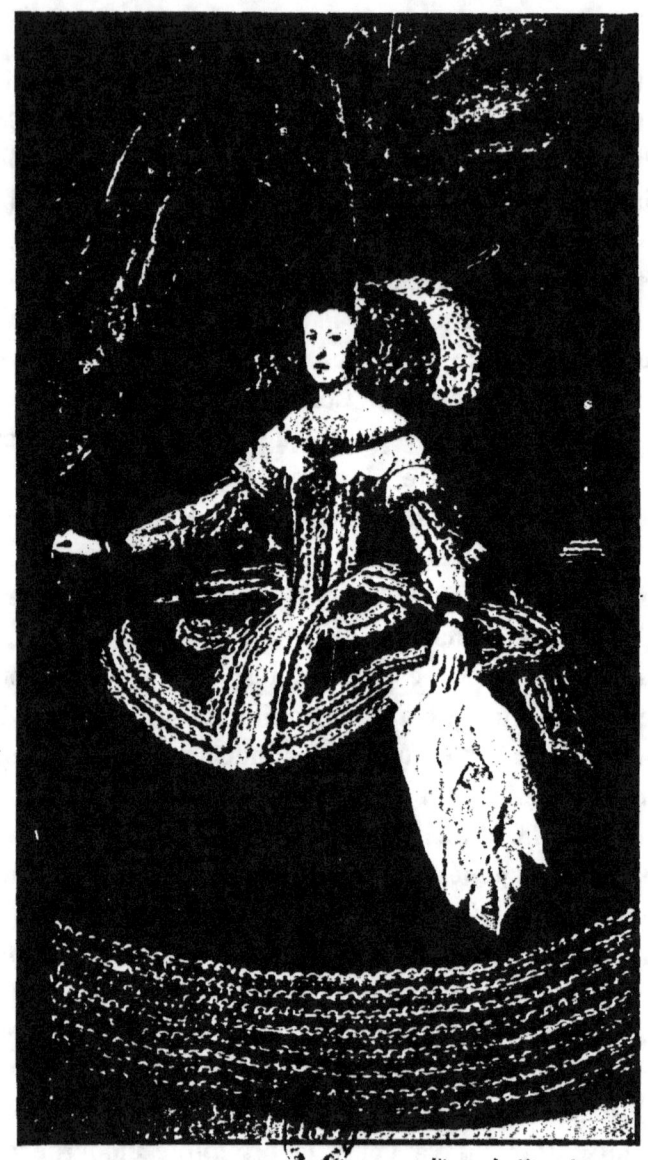

Photo A. Giraudon.

PORTRAIT DE MARIANNE D'AUTRICHE

(Musée du Prado.)

presque à la frontière, et en soldat dont la consigne vient
d'en haut, il se dresse et va défendre à l'esprit prétendu
réformé de pénétrer l'Espagne. C'était vers le sud autrefois qu'il fallait combattre ; sous le soleil d'Andalousie et
de Grenade flamboyaient les armures des guerriers catholiques et de ceux de l'Islam. Les prophètes ne viennent
pas toujours d'Orient ; c'est au nord maintenant qu'il
faut veiller, c'est par là que pourrait entrer le doute qui
vient de naître. Comme si on pouvait se mettre en travers
du souffle de l'esprit. Si cet esprit est la vérité, il passe ;
l'esprit de la Réforme n'a pas passé. Était-ce donc
l'erreur, ou le Jésuite fondateur a-t-il été si vaillant
soldat ?

Quoi qu'il en soit, à son temps qu'il comprend si bien, il
apporte sa discipline sans tendresse, mais passionnée
comme son ambition. Ce sera la pierre première, la fonda-
tion solide sur laquelle il va bâtir. L'Espagne possède le
monde et lui, Espagnol, soldat de l'Église, il veut conquérir le monde à l'Espagne pour le donner au ciel.
Quand le mystique en s'adressant à Dieu peut dire : à
nous deux, il y a de la beauté à être sans frein ;
en cette matière la raison n'a pas de place, la réussite
est en fonctions de la dépense de passion et d'amour.

La Sainte Vierge a des embarras, il accourt, le cœur
haut, l'épée brandie, chevalier de sa Dame de qui
d'autres se détournent refusant leur fidélité et leurs
oraisons ! Païens et mécréants ! Sus au doute qui
glace, à la critique inutile, à tout ce qui n'est pas la
certitude et la sécurité que donne l'amour quand il

est sans mesure. C'était autrefois contre les barbares-
ques qu'il fallait se défendre. N'est-ce pas la même croi-
sade qu'il faut encore et toujours entreprendre ? N'est-
ce pas la même herbe qui repousse et qu'il faut arra-
cher de nouveau, n'ayant pas détruit jusqu'aux racines
la plante qui reparaît et qu'à grands coups de son épée
sifflante il frappe tout de même plus en prêtre adroit
qu'en soldat généreux ?

A tant de passions va s'ajouter un sens si grand de la
hiérarchie et de l'ordre, que la compagnie subsiste
encore. C'est la mission de l'Espagne d'être catho-
lique et papale ; c'est aussi sa forme patriotique
d'exister, car toujours sa vie mystique est parallèle à sa
grandeur politique. Le Saint sait cela, il sait que le
salut qu'il faut gagner pour l'autre monde n'est pas sans
profit pour celui-ci. L'Espagne va profiter de l'audace
que donne la Foi et des pays qu'il va conquérir. Espagnol
et Chevalier si le roi est son souverain, le Pape est son
chef, et sa Dulcinée, c'est la Vierge Marie, la Reine du
Ciel et des Anges, celle pour qui on dit des litanies sans fin
auxquelles s'ajoutent l'exquise douleur des longs agenouil-
lements, les vertiges, les défaillances, les pamoisons
délicieuses qu'à ce moment sainte Thérèse ne pouvait
entrevoir qu'au travers de juvéniles ardeurs.

C'est donc pour sa Dame qu'il va jeter son gant et faire
donner ses soldats. Noble besoin de la lutte ; avec un
mysticisme chevaleresque, aveugle de cette cécité des
voyants, qui au loin entrevoient les victoires, c'est
pour la Sainte Église qu'il va se battre, celle qui tou-

jours est militante, et qui, toujours soutenue, trouve
aux heures propices l'épée d'un Guise, ou le fusil d'un
chouan.

Ignace de Loyola est encore bien l'Espagnol de son
temps parce qu'il est le conquérant ; et il n'est le conquérant que parce qu'il est le saint: il veut que toute la terre
reconnaisse la divinité pour laquelle il combat ; il n'y
aura jamais trop de louanges, jamais assez de cœurs
brûlants de la même espérance que le sien.

Comme le souverain qui délègue des vice-rois, il
envoie des disciples aux infidèles les plus lointains.
Les légats de son Ordre franchissent toutes les mers ;
et si grande est la malice du destin — le sort voulant peut-être aussi une équivalence des partages —
que de ces deux Amériques découvertes et conquises
par l'audace espagnole, une des deux est devenue pro-
testante.

Ignace n'avait certes pas prévu que l'application de
ses idées, que cette discipline, cette obéissance, et tout
l'esprit de sa nouvelle milice devaient devenir la base
de la force moderne. Avec lui le caporalisme est né. Il
est le saint le plus moderne si cela pouvait se dire.
Les souverains réformés n'ont pas d'appui plus solide
que l'application de sa discipline pour la conduite de
leurs armées. Deux moyens maintenant admis pour la
réussite des batailles ont des racines terriblement
arriérées : l'un est l'ordre dispersé, imaginé par les chefs
chouans — *égaillez-vous les gars* — l'autre est cette
obéissance qui est tout et qui détruit tout, organisée

par le saint, qui, soldat, savait comment on est victorieux.

Le génie a des facettes multiples ; s'il n'a qu'un but,
il a divers moyens. La lutte a des réalités brutales dont
la vulgarité est chose laide. La souplesse et l'urbanité
sont des moyens dont l'efficacité peut être aussi
grande que le serait la vertu toute simple, sans parure
mondaine. Il ne suffit pas de terrasser son ennemi, il
faut le terrasser avec grâce ; et la grâce sera une arme
qui va devenir comme une règle canonique de l'ordre
nouveau.

Aux macérations souvent farouches dont sont coutu-
miers les Jésuites, la Compagnie va opposer les églises
claires et avenantes, mélange de fleuri et de dévotion
d'où va naître un style nouveau. Pleins de sévérités
pour eux-mêmes les Jésuites n'auront pour autrui que
des amabilités voulues. A la place des églises obscures,
où des Christs déchirés sont pantelants dans des coins
d'ombre, il va s'ouvrir les jolis réduits que l'on a appelés
les églises jésuitiques, parfumées, lumineuses, fleuries de
mille grâces. On n'a vraiment de gloire qu'en raison de
la qualité des images que l'on crée. L'esprit nouveau
se voulant charmeur, son art va être sa séduction, la
forme visible et agréable de ses moyens de prendre les
âmes, de séduire les esprits et de les maintenir doucement captifs.

Le Gesu de Rome est l'édifice où apparaît le mieux
le style né de l'esprit de la Compagnie. C'est l'église
type, le chef-d'œuvre de l'Ordre. En entrant au Gesu, on

Pl. VI.

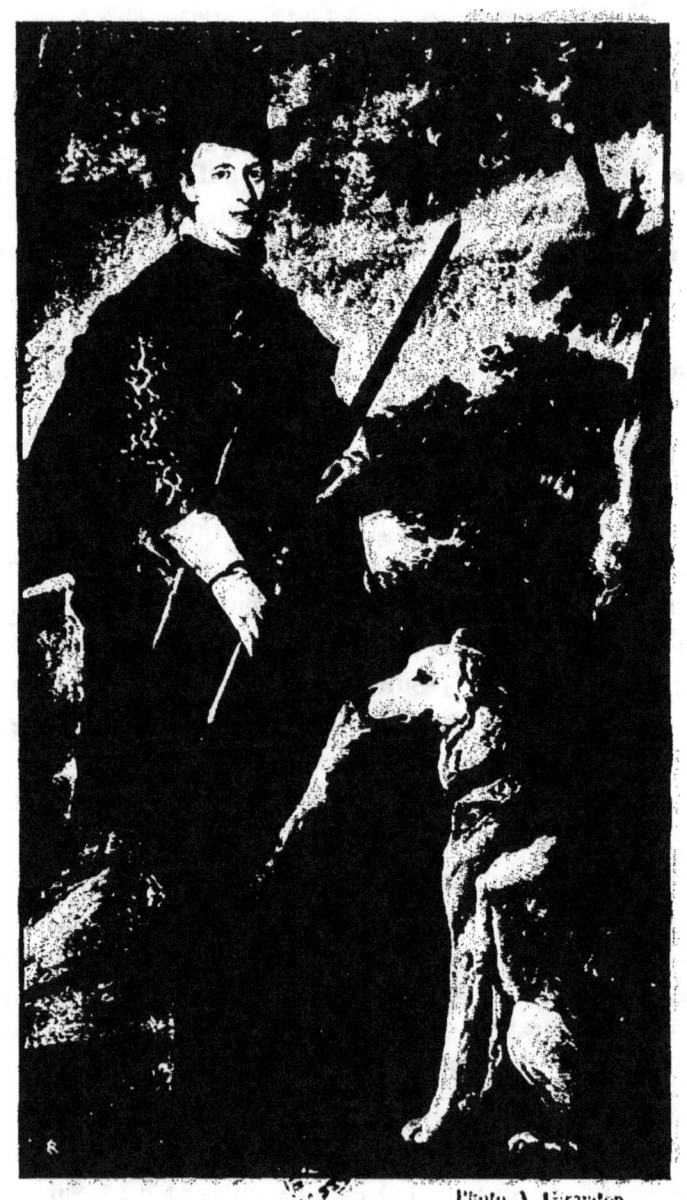

Photo A. Giraudon.

PORTRAIT DE FERDINAND D'AUTRICHE
EN CHASSEUR

entre dans une gloire, dans du bleu, dans de l'or, dans
de la lumière, dans beaucoup d'or et dans beaucoup
de lumière. On traverse des spirales d'encens qui montent mollement vers les voûtes. On est accueilli et
charmé par une musique sacrée ou profane — on ne
sait — venant probablement d'une des jolies loggias;
de celle-ci, de celle-là, peut-être d'une autre, car les musiciens se voient peu, confondus avec l'aimable architecture. Ils sont ici chez eux bien plus que Dieu n'est chez
lui, et la musique est jolie comme est jolie l'église où
gémissent les violons voluptueux.

Il y a au Gesu des choses rares ou précieuses, mais il n'y
a pas une seule œuvre d'un art supérieur que l'on retourne
voir et qui décide à un voyage. Nul vrai Maître n'y
a laissé sa trace. Il y a l'atmosphère grisante et imperson-
nelle d'une congrégation qui n'aime ni le génie ni la personnalité visible. Cette atmosphère peut être enveloppante et séductrice, délicieusement respirable, ou irrémédiablement antipathique.

A-t-on le souvenir d'une des plus prodigieuses eaux-
fortes de Rembrandt : celle où le docteur Faust à demi
soulevé de sa chaise est attiré vers une clarté qui s'auréole
au centre des vitraux de sa fenêtre ? Plus curieux qu'il
n'est surpris, il fixe le rayonnement qui apparaît au
travers du vitrail et c'est pour lui la révélation subite
de l'esprit, comme si tout à coup un alchimiste voyait
au fond de sa cornue apparaître la formule enfin trouvée
après tant d'années de recherches. C'est le fruit de ses
méditations qui apparaît ; la Dulciné peut-être va se

laisser prendre. Tel est le Jésuite qui pense et qui veut, acharné au bien d'autrui, à sa perfection propre, ou à la domination de son Ordre. Par une tension plus grande de toute sa volonté, il a forcé l'esprit à descendre en lui, à lui parler dans le silence de sa cellule, comme au Louvre l'Ange parle à l'oreille du vieux Mathieu dans un tableau de Rembrandt.

Imagine-t-on de la part d'un membre de la Compagnie pareille méditation sainte, pareille tension de toutes ses fibres? Oui certainement. De même que le docteur Faust eut sa révélation, le Jésuite peut voir flamboyer à sa vitre la devise de son Ordre, l'*Ad Majorem Dei Gloriam*, en caractères resplendissants. Et toujours comme le docteur Faust, il sera plus curieux de déchiffrer l'inscription qui se révèle, que surpris de la faveur qui lui est accordée de pouvoir la lire; car saint Ignace enseigne par quels exercices on peut forcer le miracle.

Et le même homme revenu de son extase retrouvera son sourire avant de pénétrer dans son église romaine, quand une des loggia est pleine de musiciens et que, gagnant sa place pour un office, il marchera enveloppé de musique charmante. De sa stalle, il verra les archets des violons allant à la même cadence, les crosses des contre-basses dépassant les balustres de la loge et, dans la demi-ombre, près d'un pilastre cannelé, le maître de chapelle qui bat la mesure de cette musique emplissant la claire église de sa mondanité voluptueuse.

L'Ordre a ces deux facettes. Sous la robe il peut y avoir un silice qui tenaille la ceinture, mais l'église pourra

servir de modèle aux tableaux de Panini ou de Tiepolo,
étant, ainsi que sont les architectures dans les vastes
compositions de Véronèse, religieuse seulement par le
sujet, et prétexte à tout un déploiement harmonieux de
sensualité terrestre.

L'assemblage de ces choses est sans doute condi-
tion de durée et de force. S'il n'y avait que grâce et
mondanité, tout serait depuis longtemps par terre. Une
armature intérieure maintient l'édifice, semblable à ces
ferrures que les sculpteurs font dresser avant de commencer une statue, et qui en sont comme les lignes principales
qu'ils recouvrent de terre. C'est l'ossature qui maintient
le colosse d'argile avant qu'il ne devienne bronze ou
marbre, tout comme dans le domaine de l'esprit la discipline et l'austérité maintiennent la congrégation.

La Compagnie, peu après son début, a dû dévier de
l'esprit insufflé par son fondateur. Il en fut de même pour
d'autres Ordres. Les successeurs adoucissent les austérités, émoussent la passion de ceux qui fondent ; à don
Quichotte, c'est Sancho qui succède ; le fondateur est
embaumé, couvert de fleurs, mais peu à peu, les disciples
s'éloignent de son esprit et ce qui, aux débuts, fut une
austérité réelle, parfois exagérée, s'assouplit, se fait facile,
plus humain, raisonnable.

Ce que saint Ignace a vu, ce qui était le mieux dans son
goût de soldat dur à lui-même, ce qui, très espagnol, est
encore existant, — et qui va d'ailleurs si bien avec le sang
dans le cirque, la mort des bêtes et le courage des hommes,
— ce sont ces madones rigides, poupées ou idoles somp-

tueusement vêtues de raides brocarts. Leur cœur saignant
est percé des sept glaives, leurs yeux infiniment tristes sont
creusés d'une douleur sans fin. Elles sont émaciées, tou-
chantes, farouches, le corps absent, à peine visible, la
forme humaine inexistante sous le brocart pesant. C'est
l'image des macérations, de cet acharnement à la destruction de soi-même qui est le signe sensible de l'intensité
monastique. Toute matière est dissoute, il ne subsiste
qu'un esprit, il ne reste qu'un cœur ; et cet esprit, par les
yeux d'expression si lointaine, est à tout jamais fixé sur le
drame du Golgotha ; et ce cœur est transpercé des glaives
brutaux qui brillent aux lumières. Le Fils rigide, bleui et
saignant, est à peine tenu par les bras raidis de la Madone
derrière laquelle se dresse la croix déchargée de son sup-
plicié. Le Dieu repose à peine sur les genoux de la statue
populaire ; il est présenté plus qu'il n'est tenu ; c'est
l'affreux spectacle quêteur de compassion, disant avec
son éloquence d'art de primitif, tout ce qu'il y a de poi-
gnant à contempler le martyre du juste.

« *O vous qui passez par le chemin, regardez et voyez s'il
est douleur semblable à ma douleur.* »

C'est la mère qui montre aux hommes les plaies de son
fils pantelant de ce qu'il a souffert pour leurs péchés ;
statues d'un art simple, fait pour des simples, atten-
drissant, sans inutilités, sans les fioritures qui vont
venir de l'esprit jésuitique, ne disant que ce qu'il faut
dire, mais le disant avec la gravité qui est particulière
aux œuvres d'un art qui ne veut comme moyens d'expression que l'indispensable.

Ces vierges espagnoles souffrent éternellement dans leur impressionnant silence : leurs yeux seuls parlent. Les plaies des Christ crient; hautaines, elles ne quémandent ni les prières, ni les cierges qui brûlent et dont les lueurs font brutalement briller les glaives qui transpercent leur cœur, accrochant de la clarté aux bijoux naïfs et aux ex-voto grossiers.

Voilà ce que saint Ignace a vu, ce que Velazquez a vu, ce qui çà et là existe encore. Ce sont ces madones farouches qui, sous l'onction de l'esprit jésuitique, vont devenir les vierges fades, de goût sulpicien, qui font tant regretter les idoles d'Espagne en robe raidie de brocart rouge.

Voici maintenant ce qu'on voit dans une église de Rome, Sainte-Marie-de-la-Victoire : c'est aussi d'une fille d'Espagne qu'il s'agit, de la rigide emmurée, réformatrice du Carmel, Thérèse d'Avila, dont le marbre par le Bernin est bien le plus joli exemple de toutes les grâces de l'esprit jésuite dépouillé des austérités de son début. Le sculpteur italien va tout transformer, mettre l'adresse avant l'émotion, le talent avant l'âme. Elles sont loin maintenant, les madones aux yeux sans larmes que la carmélite a priées quand elle était petite, dans sa sévère ville d'Avila. Elles ne se reconnaîtraient plus. L'esprit des successeurs de saint Ignace a remplacé l'esprit droit et morose d'Alonzo Cano et des graves artistes espagnols.

La sainte Thérèse du Bernin est pleine de grâces dans sa pamoison : sous le ciseau adroit du charmant artiste, la doctoresse est devenue une petite maîtresse qui a des langueurs délicieuses et s'écroule pâmée sous les flèches d'un amour qui n'a rien de divin. Cela est fait pour ravir, étant d'un paganisme charmant; sainte Thérèse est ici la sœur de la Daphné du même maître, si joliment élancée et qui, poursuivie, va être atteinte. Alors, païenne et rusée, elle devient le laurier des Métamorphoses dont le Bernin tire le joli parti des jeunes jambes agiles emprisonnées dans l'écorce de l'arbre, et des doigts fuselés au bout desquels apparaissent les premières feuilles de l'arbre d'Apollon.

Ces sculptures sont d'un goût que l'on peut ne pas aimer, elles ne sont que jolies, mais elles ont leur place dans l'histoire de l'art et sont à Rome comme en une anthologie où l'on peut trouver ce qui convient à chaque jour selon l'humeur ou l'orientation de l'esprit. La Daphné est, je crois, dans la galerie Borghèse, la Thérèse charmante dans un des plus charmants réduits jésuitiques de Rome. Son église est un boudoir tout fleuri de marbres nuancés où la lumière vient doucement mourir sur le pavement, après avoir caressé le pied nu de la prétendue sainte; un petit pied exquis de marbre blanc, d'un joli travail d'Italien.

Et puis, est-ce bien là de l'art jésuitique, et en somme y a-t-il un style jésuitique ? N'est-ce pas plutôt le goût et la grâce du temps qui furent adoptés par la congrégation ? J'ai dans l'idée que les jésuites eussent aussi bien adopté une autre manière, pourvu qu'elle ait été facilement acceptable et compréhensible à la foule élégante qu'ils dirigeaient. C'est le châtiment de qui veut plaire que de ne pas avoir d'idées bien à soi, mais

Pl. VII.

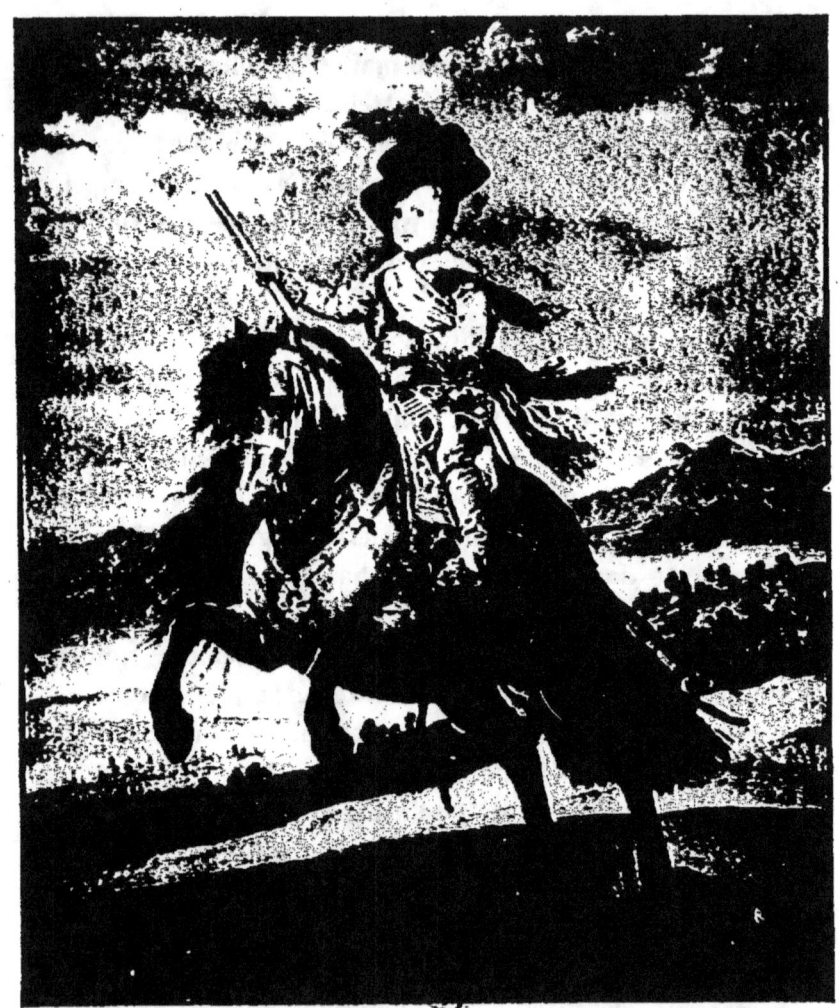

Photo A. Giraudon.

PORTRAIT ÉQUESTRE DU PRINCE DON BALTHAZAR CARLOS

(Musée du Prado.)

seulement de choisir selon son adresse celles qui réus-
sissent le mieux autour de soi. Faire la mode n'est pas
la créer. Il semble impossible d'être créateur d'un style
quand, pour soi, on a la volonté de n'en pas avoir, quand
la règle ordonne de rentrer dans le rang, d'abdiquer la
personnalité qui, en s'imposant, crée et se fait suivre
d'imitateurs. La doctrine ne veut pas. Il ne faut être que
l'anonyme confondu dans sa compagnie. Après tout, les
bâtisseurs du moyen âge ne furent pas autre chose et
n'eurent pas d'autre puissance que l'anonymat des très
forts qui méprisent ce qui aurait pu être leur personnalité.

Bernin, ne l'oublions pas, est contemporain de Velazquez: c'est un Italien charmeur, l'autre est un hidalgo de
génie. Quand sa Thérèse, italianisée, s'anéantit sous le
trait de l'amour, elle défaille avec une grâce qui ne
l'abandonne pas: c'est une mondaine qui se pâme se
sachant regardée. On sait qu'elle renaîtra de son éva-
nouissement. Elle est déjà près de nous par le charme
et le factice de son émotion, elle est moderne comme
est moderne le rouge aux joues et la poudre des perruques de ses contemporains.

Elle est en cela sœur de ces voyageuses qui, pour la
première fois, assistent à une course de taureaux. Dès
l'entrée, la forme même du cirque est émouvante ; le
cercle parfait n'a pas de mystère, aucun des détails de
l'horrible et beau spectacle ne pourra échapper. On ne
peut se tromper soi-même, se dire qu'il se passera dans
les coins des horreurs qu'on ne verra pas ; il faut tout

voir et, pour une nature impressionnable et artiste, la forme des choses, qui si bien s'adapte au drame prêt à se dérouler, est presque une émotion. Il faut gagner son gradin près de ce sable qui va se teinter de sang, après en avoir déjà tant bu, et qui exhalerait l'insoutenable odeur de charogne si le cirque n'était à ciel ouvert et le sable en partie renouvelé. Cela déjà affadit. Sur la barrière qui sépare l'arène des gradins, il y a ces manteaux dont vont se servir les toreros, manteaux couleur des oranges rouges et par places raidis du sang séché des courses précédentes. C'est laid, trop visible, cela prédispose mal. La nouvelle spectatrice est d'avance émue, presque défaillante. Et puis, le soleil, les battements des éventails, les cris des marchands d'eau, la foule vivante qui attend l'affreux spectacle auquel cependant elle ne veut pas renoncer : tout cela prélude à la crainte de voir et ajouterait aux regrets que l'on aurait de ne pas avoir vu.

Enfin, la piste est dégagée des habitués qui regagnent les gradins. Le silence se fait. Le ciel qui ignore les horreurs qu'il recouvre a, au-dessus de la courbe du cirque, de longues traînées de nuages paresseux, comme si de là haut une immense quenouille échevelée laissait traîner ses fils à peine roses de la douce couleur des longs après-midi. Musique. Et deux cavaliers en costume d'alguazils du temps de Charles II précèdent l'entrée lente des petits hommes roses, vêtus de toutes les variétés de rose, aux petites vestes lourdes de torsades, aux épaulettes chenillées d'or. Ils entrent avec la gravité convenant à ceux qui, peut-être, vont mourir ; ils sont heureux du cirque bondé de cette foule devant laquelle ils vont jouer leur vie avec l'élégance particulière aux gens de théâtre qui se savent regardés. Leur cape de parade est enroulée à leur bras gauche, la belle cape doublée de soie changeante, qui ne va pas servir, et qu'ils mettront sur la barrière, prenant pour la course les vieilles capes cartonnées de sang raidi.

La musique ne réconforte pas, elle a beau dire que ce n'est qu'un spectacle, la novice est quand même troublée. Les petits hommes vêtus de satin rose collant sur leurs formes nerveuses se dispersent dans l'arène ; un moment ils attendent : ils sont semblables sous la lumière du jour aux couleurs de certains pourpoints dans les tableaux de Velazquez, ils sont jolis ainsi que l'écharpe d'Olivarès, bêtes agiles qui vont fuir devant la bête stupide, la harceler leur cape éclatante qu'ils agiteront sous son mufle en volutes pour doubler sa fureur, enfin la tuer. Elle entre, la bête jeune et puissante qui va mourir ; alors la petite main gantée de blanc de la novice monte plus souvent qu'il ne conviendrait vers son visage, portant à ses narines dilatées le flacon de sel ou la fleur prise à sa ceinture et dont on croit que le parfum va redonner du courage. C'est horrible et captivant. Si captivant, qu'il y a comme une impossibilité à quitter le cirque. Il faut rester. Enthousiaste ou ému, on fait soi-même partie de ce fourmillement de foule, on est devant l'arène, spectateur d'un jeu cruel pour lequel la foule environnante se passionne. On est un point lumineux entre mille lumières, une émotion

vraie au milieu de gens qui ne sont qu'à un spectacle. La
novice n'est qu'un éventail de plus qui s'agite pour
tenter de mettre un peu de fraîcheur au visage moite
sous la voilette. La main blanche remonte vers les
narines frémissantes quand un taureau neuf arrive sur
l'arène, stupéfié de lumière et de musique, quand un cheval a enfin terminé son martyre de cheval, ou qu'un de
ces petits hommes roses, moins agile ou trop téméraire,
aura été emporté sur les épaules d'autres toreros, son
satin fleur de ronce vilainement taché du rouge noirâtre
de son sang ; et cela sans cris, sans vulgarité apparente,
avec l'élégance qui est due au public. On lui montre comment on risque pour lui sa vie de torero ou même comment on la termine.

Pourtant, quelle déception si, pour un homme emporté,
la course ne continuait pas, s'il n'allait pas venir un
autre taureau également furieux, l'encolure énorme sur
de petites jambes, dressant ses cornes terribles en
soufflant sur le sable ; et d'autres chevaux, carcans à leur
dernière heure, dont les tripes balaieront le sable de
l'arène avant qu'ils ne s'abattent, les quatre pieds bat-
tant le vide, des lueurs de soleil s'accrochant aux fers
des sabots. Pauvres animaux qui ont tant travaillé, qui
furent nobles, et que de la canaille de cirque, valets de
toril, va dépouiller si brutalement du méchant harnais
qui les coiffe !

Musique encore, encore du sang, toujours d'autres
petits hommes aux culottes collantes, tout à la fois
lâches et braves. Enfin le délire final, l'apothéose du

spada ; puis la foule lentement s'écoule et les muets gradins de pierre peu à peu réapparaissent. Ils ne verront
ceux-là que le spectacle de la nuit qui vient au-dessus
de la courbure du cirque, dans le ciel où les nuages
paresseux sont encore à la même place, un peu plus
rosés du soir qui s'avance.

Quand on attend une émotion, elle n'est jamais telle
qu'on l'imaginait. C'est de notre sensibilité qu'est fait
l'imprévu de la vie, c'est elle qui enregistre et nous donne
des satisfactions fortes ou indifférentes. Tout peut être
utile aux yeux artistes, aussi doit-on tout voir. Pourquoi aussi ce taureau est-il si stupide ? Si cette grosse
bête ne se laissait pas toujours prendre aux mêmes
feintes, les hommes qui sont lâches inventeraient un
autre jeu, leur cruauté étant sans limite ainsi que leur
imagination. Mais, qui donnerait si bien le frisson qui est
une volupté et l'imprévu du plus ou moins de sang qui
va être versé, l'angoisse de la mort possible d'un homme
et l'épreuve de soi-même quand, les yeux agrandis et
fixes, la main gantée portera une dernière fois au visage
la fleur de la ceinture qui n'aura plus forme de fleur et
dont le parfum chauffé sera devenu écœurant.

L'art moderne est fait de cette sensibilité. La Thérèse
du Bernin frissonne déjà de cette émotion. Elle se meurt
et elle est vivante. La forme extérieure, quand elle est
belle, fait une âme à ce qui ne serait qu'une chose ; le
marbre alors a sa sensualité. L'art prend la route dange-
reuse où des sensations subtiles peuvent l'envahir, lui
faisant oublier sa fonction première qui est de s'en

tenir à la reproduction des formes harmonieuses, mais si parfaites et si belles, qu'il s'en dégagera une poésie ou une littérature à laquelle l'artiste ne doit pas même avoir songé. Les sensations trop passagères sont des fugitives qui changent selon chaque temps, différentes à des époques différentes, et si l'art d'un siècle a le reflet de ses subtilités, que ce ne soit pas au détriment de la beauté qui, étant éternelle, ne doit pas savoir ce qui est variable.

Ce qui subsistera des productions de l'art moderne dira que nous avons été forts et subtils à la fois ; nous donnerons notre travail à la postérité comme le témoin de ce qu'aura été notre temps, partant de ce que nous aurons été nous-mêmes. Nous serons jugés à notre tour: heureux ceux qui seront jugés, c'est qu'ils vivront. Toute époque peut s'expliquer, se comprendre ou s'excuser par l'art qu'elle laisse. Ce que nous laisserons, nous l'aurons fait de notre mieux. L'éternelle justification, c'est la sincérité. On a toujours fait de son mieux, même ses faiblesses : et c'est pour cela en somme et pour en revenir à notre sujet, qu'il convient que nous soyons satisfaits du triomphe de saint Ignace sur l'esprit de la Réforme. L'art jésuite vaut mieux que pas d'art du tout. L'Espagne est une terre de passions, elle aime les triomphants plus que les raisonnables.

Don Quichotte, qui était fou, ne pouvait pas être calviniste, Sancho non plus; mais on conçoit très bien que ce soit dans d'honnêtes cerveaux d'Allemagne qu'ait pu germer la raisonnable idée. L'honnêteté a ses misères. Qu'a donc à voir la raison dans les choses divines ? Est-ce que Dieu qui a fait le cœur humain et ce qu'il renferme de passion, de beauté et de sottise, a fait œuvre raisonnable ? Pour tout ramener à la sorte d'idée fixe qui guide en ce genre de dispute, j'ai comme arrière-pensée qu'au fin fond de la querelle subsiste un malentendu esthétique. Et si c'était cela, comme ce serait beau et loin de la pauvreté de la plupart des querelles des hommes.

Dans un septentrion de brume et de confortable, il était impossible d'admettre qu'on pût vendre des indulgences pour achever de bâtir Saint-Pierre, pour que le dôme de Michel-Ange prenne la plus grande place sur le ciel limpide et moiré de Rome. En Allemagne, on vit chez soi, réfléchi, peut-être sans grand besoin de voir de sa fenêtre les monuments de la ville. Une horloge et son carillon familier ; au carrefour, une fontaine surmontée d'un empereur, son globe d'une main et son épée de l'autre, ayant l'armure maximilienne et une grande barbe : on a vu ces choses toute la vie. Tout petit on s'est arrêté devant l'horloge, attendant que l'heure sonne, et toujours on a vu que l'épée de fer que tenait l'empereur était de travers dans sa main de pierre. Ces monuments suffisent à la cité comme ils suffisent aux citoyens ; l'horloge est utile comme la fontaine.

Le Latin, lui, a d'autres besoins ; il vit dehors, il lui faut des statues à rencontrer par la ville, à critiquer ; il a besoin d'œuvres d'art que l'on voit sans les bien regarder, qui sont là parce qu'il fallait là des statues : ces statues n'ont pas besoin d'être des chefs-d'œuvre. Il

suffit qu'elles répondent à certaines lois d'art décoratif
— on disait autrefois d'art architectonique — pour bien
faire dans une charmille, dans la niche d'une muraille ou
à l'angle d'un pont. C'est tout ce qu'il faut, la cité est
embellie et le citoyen a l'esprit réjoui. Comme d'énormes
fruits, il lui faut sur le ciel la courbe opulente des
dômes, et par les baies des campaniles, il lui faut voir les
cloches vivantes qui donnent la note juste à de fidèles
musiciens.

Mais acheter sa part de ciel pour l'achèvement d'une
église, pour que des montagnes éventrées, les marbres
à grands frais soient dirigés sur Rome; pour qu'ensuite le Bernin épuise sur eux toute sa fantaisie, son
mauvais goût et aussi son talent, pour qu'il fasse torses
les colonnes de l'autel et qu'engouffre le vent dans les
draperies de ses statues; pour que toute une pompe
magnifique où subsistent encore des vestiges d'idolâtrie se déroule dans la somptuosité d'une architecture de résurrection païenne : c'est folie que cela! Il
est inconcevable qu'il puisse être fait commerce des
choses saintes, pour solder des artistes, et ensuite
écouter ravi la voix du *capone* se perdre aux volutes
des chapiteaux de Bramante. Qui peut admettre le
scandale de ces choses! Des êtres raisonnables vont-ils
s'y attarder, ne fut-ce qu'un moment; et ne vaut-il pas
mieux qu'il n'y ait pas d'art du tout que d'atteindre
la raison dans ce qu'elle a de plus sensible ?

Les Latins, qui respirent une autre atmosphère et
pour lesquels l'art est une nourriture nécessaire, trou-

Pl. VIII.

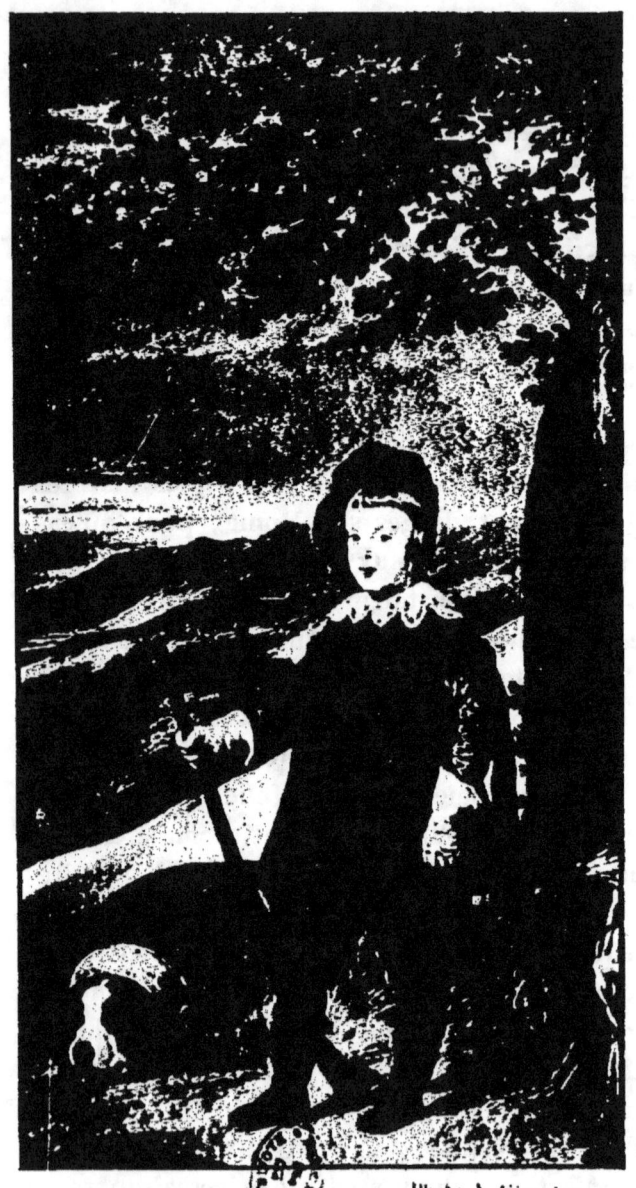

Photo A. Giraudon.

PORTRAIT DU PRINCE DON BALTHAZAR CARLOS
EN CHASSEUR

(Musée du Prado)

vaient naturelles ces folies qui embellissent la vie, qui sont la pâture de l'esprit et qui font belle la cité. Si le monde était raisonnable et la vie sans passions, le monde et la vie seraient incolores et tristes, car sauf l'indispensable aux besoins de la nature, tout peut se colorer, se hausser à d'autres nécessités, devenir de la passion et tout ce qui en découle, jusqu'à la sottise qui d'ailleurs fait valoir le reste. Est-il raisonnable d'être peintre, juste ciel!..... Est-il nécessaire ou utile, cela n'étant pas de ce métier, de faire un livre sous prétexte que quelque peu clerc en la matière peinte, on pourra peut-être mieux dire ou dire autrement que ce qui fut dit déjà d'un maître et de ses tableaux ?... Comme s'il ne suffisait pas de regarder les tableaux, et de dire que le maître est très grand sans bien savoir pourquoi ! Lui-même ne le savait pas.

Philippe II, pendant une bataille, fit vœu de construire un couvent ; ce fut l'Escurial. Au temps de Velazquez, l'énorme bâtisse était neuve, probablement inachevée. C'est vraiment l'œuvre de l'Église et de l'Espagne toutes deux triomphantes. On ne peut monter plus haut que la monarchie des Habsbourg à ce moment. Il ne paraît guère possible comme témoignage de sa toute-puissance de laisser un monument plus énorme et qui soit, en même temps, en plus complète contradiction avec le génie du peuple sur lequel on règne. Le plan seul est assez espagnol ; l'édifice a forme de gril, instrument du martyre de saint Laurent. C'est sous le vocable de ce saint qu'est placé le vaste monastère où dans un coin vivait Philippe II.

L'Italie est vraiment le pays entre tous fécond ; on peut tout lui demander pour l'art, et cela à n'importe quel moment de son histoire: il est toujours prêt. L'architecte, flanqué de ses satellites, le peintre, le jardinier et le sculpteur, est à sa façon une sorte de condottiere à la solde du souverain qui fait bâtir. Appelé, il part, et dans un pays dont le climat peut se refuser aux terrasses si bien faites pour le ciel de Rome, aux loggia ouvertes à la fraîcheur de l'ombre, l'Italien construira dans son style tout comme s'il n'y avait ni neige ni pluies dans la contrée où il travaille. Philippe II ou Louis XIV, pour l'Escurial ou pour Versailles, font venir des Italiens, ou tout au moins c'est au génie italien que leurs constructeurs empruntent leur inspiration ; ce génie présidera en esprit sinon de façon effective aux conceptions, et cela sera parfois très heureux pour Versailles. Ce l'est moins pour l'Escurial. Mais les deux monuments sont bien typiques et bien adaptés à des monarques différents dont l'un logeait dans son palais sa gloire et des favorites, tandis que l'autre voulait à côté de lui, sous les mêmes toits, un monastère d'où lui arriverait l'écho des prières et des chants des offices.

Ce fut le jour de la fête du saint invoqué pendant la bataille, dix années après le vœu prononcé, que commencèrent les travaux de cet Escurial gigantesque qui, tout à la fois, est un palais, une nécropole et un couvent.

Quand on bâtit étant Louis XIV, on croit à sa gloire

— le Soleil n'a que faire de l'humilité demandée aux hommes. On s'affirme en faisant Versailles, afin que la postérité soit éblouie des rayons que l'on a projetés. De fait, l'œuvre surprend encore. Quand on bâtit pour tenir sa promesse, plus peut-être que pour affirmer sa gloire, étant Philippe II, on ne ruse pas avec le saint invoqué dans un combat, on lui élève le plus beau et le plus grand des temples, lui laissant la plus grande part de l'édifice. Tandis qu'à Versailles la chapelle est à la mesure du château, à l'Escurial, l'église et le couvent prennent tout; le roi n'occupe qu'un coin effacé, les tombeaux emplissent la crypte, à l'abri du grand clocher, comme dans les cimetières des villages.

Le saint et le roi s'appuient l'un sur l'autre. J'élève à votre gloire, pourrait dire le roi, mais j'ai la gloire d'avoir élevé ; les fondations mêmes de mon palais diront votre martyre, mais votre dévotion me sera redevable d'en avoir eu l'idée. Le saint et le bâtisseur se partagent l'admiration et le culte. Pour la postérité, ils sont à tout jamais liés l'un à l'autre: il y a bénéfice pour les deux. Il y a surtout bénéfice pour la postérité, car il est pour nous fort heureux qu'il ait existé des monarques élevant des monuments en signe de leur puissance ou de leur foi. On se demande, en effet, quelle pâture aurait notre besoin d'épanouissement devant de la beauté, si de par le monde il n'y avait eu des souverains et leur cour, des favorites et des chasses. Les tableaux comme les monuments sont glorificateurs ; ils disent les apologies tout comme une ode ou un sermon. Il importe que le tableau

ou le monument soient beaux plus que l'apologie justi-
fiée. Les gouvernants parfaits n'ont après tout que faire
d'architectes et de peintres, leur vertu parlera pour eux;
pour les autres, leurs peintres plaideront pour eux, c'est
l'essentiel. Qu'importent Olivarès et Philippe II, l'im-
portant est que leur image soit de Velazquez.

Ce qui est éternel est ce qui ne sert pas. Tout s'use
hormis la beauté. Le meilleure chose à rencontrer en ce
monde est la trace d'art que les hommes laissent de leur
passage. L'humanité, tout en portant son bagage, continue à y ajouter ; une part est vouée à la destruction,
mais ce qui subsiste est le tribut payé à ce besoin de
produire qui, pour les artistes, est une forme de pater-
nité.

Le luxe est stimulant. C'est lui qui fait les producteurs d'art, c'est lui qui donne ces joies supérieures
qui rendent nécessaires les inutilités, charme de la
vie des civilisés. La terrasse de Saint-Germain, qui a une
lieue de long, aurait pu ne pas être faite ; il serait dommage qu'elle ne soit pas. Qui pourrait regretter l'ensemble de châteaux que forme le Louvre, sans renoncer
à être le citoyen d'un pays au grand passé doté d'un beau
patrimoine ? C'est la transmission de ces choses qui, dans
le domaine de l'esprit, fait le bel héritage dont on est le
gardien et auquel on doit ajouter. On est chez soi dans
les jardins élevés à grands frais, devant les eaux jaillissantes ; c'est pour la culture de notre esprit que le cabinet
du roi était plein de tableaux, le parc plein de statues.
Et n'est-ce pas pour la rêverie paresseuse, qu'il y a de

l'ombre sous les grands arbres alignés et que sous le vent d'octobre la nuance de leurs feuilles est semblable aux étoffes des robes chantantes aux pas des promeneuses ? Le vase entrevu au détour d'une allée dans le vert des charmilles, la Diane élégante et l'Ariane endormie près des mousses du bassin, furent érigées jadis pour le passant et ils sont pour nous maintenant de la poésie plus prenante que la nature même. Tout cet ensemble de belles vanités est de la poudre jetée à nos yeux d'utilitaires, la poudre des perruques ridicules et de tant d'autres choses vaines, dont notre modernisme sait ce qu'il faut penser, mais dont notre sens d'art entrevoit tout le charme.

Pour les chasses, la forêt elle-même taillée, continuera le parc en conservant sa force où la nature sera respectée. Ce que l'art y ajoutera ne sera qu'une parure ; un obélisque ou une croix au carrefour des chemins, comme un gros bijou au cou d'une belle fille ; puis, dans la futaie, des avenues où passent des cavaliers, des chiens et leurs valets, un carosse, une suite. La forêt n'est que l'encadrement du château et de son parc : on y touche peu ; après les halliers, la campagne se retrouve, les jeux d'eau sont loin, le paysan reparaît et les grands vols des corbeaux s'abattent sur les grands labours.

La volonté du souverain ne suffit pas pour qu'un monument vive, il faut le souffle d'un esprit. Faire venir des artistes étrangers, les faire bâtir, sculpter ou peindre, cela fait de l'art transplanté, sans la saveur de la vraie originalité qui vient de la race et du sol. Ce

qui est ainsi réalisé n'a de valeur que sa valeur de chose
artificielle : sa mort n'est pas loin. Sauf le Louvre, cons-
titué d'additions successives, ces grandes demeures sont
un luxe hâtif, elles n'étaient pas nécessaires, elles sont
devenues inutiles. Versailles est plus mort qu'une
cathédrale, l'Escurial est plus mort encore que Versailles : ce n'est vraiment qu'une nécropole, une crypte
pour des sépultures et une église pour que chaque jour
la messe soit dite au-dessus des sépulcres. Le fantôme
royal et boiteux a fait un palais pour des ombres; il
n'a pas insufflé de vie à sa demeure démesurée; il n'a
travaillé que pour des morts. Néanmoins, l'imagination
prête à cet art dépaysé une réelle grandeur; malgré
soi, on est impressionné, l'œuvre humaine est une si belle
chose que, même quand la réussite parfaite n'est pas
atteinte, il faut savoir gré à ceux qui, avant nous, l'ont
tentée.

La chapelle a les dimensions d'une grande église. La
gravité espagnole s'accommode ici de l'art italien, comme
ces oiseaux ou ces crustacés qui s'emparent du nid ou de
la carapace d'un autre. C'est un endroit austère à tout
jamais. A Florence, la chapelle des Médicis n'est qu'un
musée dont Michel-Ange est le dieu ; ici Dieu est présent, son office est chaque matin célébré ; pour l'âme
du bâtisseur la messe est toujours dite. A Versailles,
il pourrait se donner une fête dans la chapelle du château,
l'aimable architecture s'y prêterait assez. Ce serait
impossible ici : l'ombre offensée du fondateur arrêterait
les violons et les couples. L'esprit de Philippe II n'est

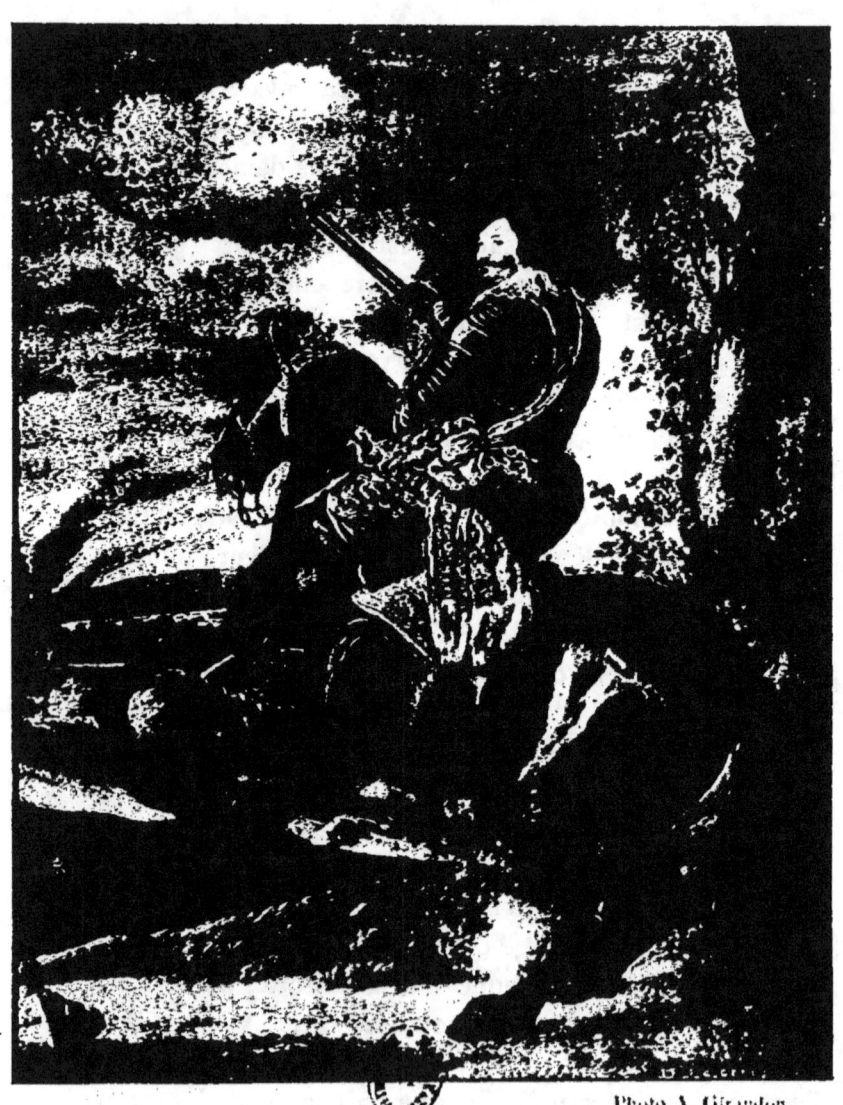

Photo A. Giraudon.

PORTRAIT DU DUC D'OLIVARÈS

(Musée du Prado.)

pas partout dans son Escurial triste, mais il rôde encore
dans sa chapelle, tout au contraire de Versailles où parfois on peut s'imaginer que le roi est encore présent, sauf
dans l'oratoire, qui n'a jamais été que le joli cadre d'une
religion adaptée à une cour. Bossuet, cependant, y a
sermonné le roi et ses courtisans de la belle homélie sur
la dignité des pauvres; sous ces lambris dorés, des
vérités ont été dites, là où maintenant un gardien donne
des explications tout de travers à des visiteurs qui s'en
contentent.

Dans ce cadavre d'Escurial, la chapelle est vivante,
l'office est y impressionnant, célébré sur les dépouilles
des rois et devant leurs statues, célébré aussi pour soi
seul, passant qui ne reviendra peut-être plus, mais qui
garde le souvenir. Je me souviens de cet instant de l'office
où le prêtre lit la Loi : un enfant de chœur tient le livre
ouvert, appuyé sur sa tête, et l'officiant qui, à ce moment, a — les bras à demi levés — le geste des Orantes,
lit l'Évangile. Le Livre et son lecteur sont entourés
de porteurs de cierges allumés, un autre porteur tient
la croix d'argent. La loi est proclamée avec l'apparat
convenu, selon une liturgie qui n'a jamais varié, qui était
la même au temps de celui qui fit bâtir, qui est encore
présent, et dont la statue fait face à cet autel où
comme de son temps est célébré le sacrifice qu'il entrevoyait de sa chambre, par une ouverture pratiquée dans
le mur.

Les gens du pays ont leur église et ne viennent jamais là.

L'autel est au sommet de deux étages d'escaliers de
marbre rougeâtre ; et de chaque côté, surélevés encore,
sont les groupes des souverains agenouillés, Charles-
Quint et Philippe II, leurs femmes et leurs filles devant
eux, tournés vers l'autel. Tous joignent leurs mains de
bronze. Ces groupes de cuivre doré sont de la plus hautaine allure. Le prêtre qui officie voit les visages de ces
statues tournées vers lui, mais le passant solitaire ne peut
voir que des profils perdus, des mains effilées scellées l'une
à l'autre, et, sur l'immense manteau de métal qui enveloppe l'Empereur et le Roi, l'Aigle autrichienne à double
tête, ses ailes éployées et noires, faisant sur l'étoffe d'or
de longues stries, comme la signature des Habsbourg
mise sur l'Espagne.

Ces groupes impérieux font que cette église est habi-
tée. D'autres souverains sont dans les niches des murs,
eux sont au centre : ils sont l'âme de ces pierres nues
et de ce style glacé. On ne voit qu'eux dans leur église,
qu'ils emplissent de leurs images et plus encore de leur
mémoire, car leur rôle fut grand et leur vie ardente.
Les aigles redoutables gravées sur les manteaux semblables à des suaires, disent que ceux-là furent les souverains définitifs de l'Espagne, les rois très catholiques,
ceux qui ont été les ouvriers de la grandeur espagnole
Ils sont tout dans cette église, comme ils furent tout en
Espagne, des mystiques et des audacieux, de vrais chefs,
ces Allemands qui comprirent le génie espagnol et surent
le faire agir.

Ignace et Thérèse, Charles-Quint et Philippe II, et là-bas

vers le sud, Isabelle et Ferdinand, dans leur chapelle de
Grenade, tous ces gisants, c'est la grandeur de l'Espagne
résumée en des tombeaux. De cette grandeur, Velazquez
est l'héritier ; c'est lui qui va la détenir et qui va la transmettre sous forme de beauté définitive. Sans lui, l'Espagne n'aurait à montrer que les armes de Boabdil et des
tapisseries de Flandre, rien d'indigène. Heureusement il
est là, il va sauver son pays d'un rang secondaire ; il
va le présenter somptueux et rayonnant de sa gloire
à lui, comme Raphaël pour Rome ou Rubens pour
Anvers.

Le site où est bâti l'Escurial est grandiose, au flanc
d'une montagne du Guadarrama, à 40 kilomètres de
Madrid, dans de la rocaille où croît le genêt d'Espagne à
cosses noires. Velazquez a aimé cette sierra dont il fit
souvent les fonds de ses tableaux ; les flottements bleutés
et la belle lumière du Guadarrama se retrouvent sous le
poney cabré de l'infant Balthazar Carlos, derrière Philippe IV, dans d'autres tableaux encore et derrière
d'autres portraits. Dans ce paysage, cette imitation de
Saint-Pierre de Rome n'est pas trop déplacée, on ne
saurait dire pourquoi. Les deux Castilles sont à l'infini
autour de ce château, la nature est cahotique et tourmentée. On est très loin du charme et de la douceur
septentrionale de Versailles. On n'a jamais ici pensé qu'à
son salut, et malheureusement aussi au salut des autres.
On n'y peut voir par la pensée, ni les fêtes galantes,
ni les plaisirs de l'Ile enchantée, Molière n'y eut pas fait
ses impromptus, on ne les lui aurait pas demandés ; les

dieux de l'Olympe eussent été mal vus, Amphitryon
déplacé ; les vers limpides dits par les demoiselles de
Saint-Cyr auraient peut-être trouvé grâce, mais auraient
été sûrement mal ou autrement entendus. Louis XIV
fait tout de même une autre figure de civilisé que les rois
d'Espagne ; ils ne goûtaient pas les mêmes joies : leurs
bouffons même, faisaient-ils rire ces Habsbourg vêtus
de noir ?

Dans ces ébauches de jardins, sous les pauvres om-
brages qui accompagnaient le grave Escurial, il n'a guère
dû se composer de sonnets, ni s'échanger de furtifs billets
vite dissimulés dans un pli des vertugadins, et lus avec
émotion ou malice dans un coin de parc sans mystère.
La pierraille cahotée des Castilles n'aime pas les sourires des jardins. Il y a bien comme une ébauche de
Trianon au bout de quelques arbres, un bassin, et c'est
tout.

Pourtant le mot si souvent employé quand il est
question de l'Espagne, surtout de l'Escurial, encore plus
de Philippe II est choquant ; le mot sombre. Quand
Philippe est en scène, lui, son palais aux deux mille
fenêtres et le morceau de Castille tourmentée qui l'enserre, tout s'obscurcit, les jets d'eau deviennent tristes,
les infantes pâles, la terre et les hommes tremblent ; les
écrivains emploient la manière noire, le trémolo précur-
seur du traître dans les anciens drames ; on se croit
obligé de faire une eau-forte aux hachures profondes,
bien creusées par l'acide pour les emplir d'une encre

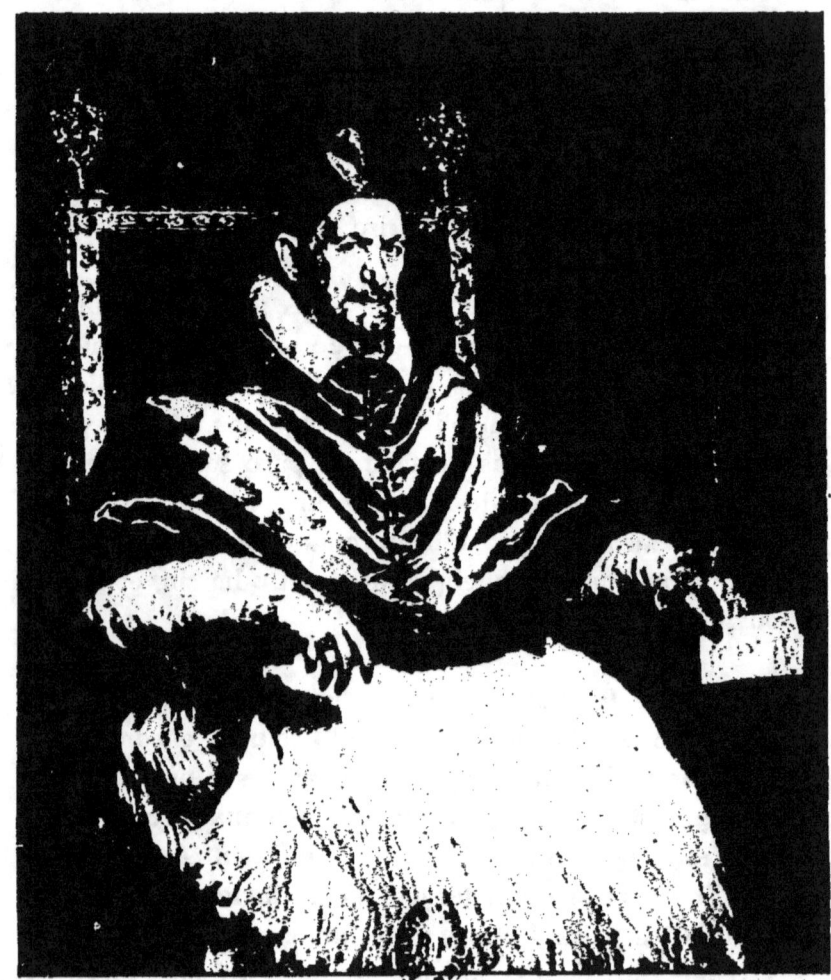

Photo A. Giraudon.

PORTRAIT D'INNOCENT X

(Galerie Doria, Rome.)

qui ne sera jamais assez épaisse. Je conviens que le personnage est sans douceur, mais il attire parce que tout ce qui a de la grandeur force la curiosité; il est grave pour la même raison qu'il est grand : les deux choses ne se séparent pas, et puis tout est grave en Espagne. De la production de toutes les écoles, les toiles du Greco d'abord, celles de Velazquez ensuite, sont certainement celles qui reflètent le plus de gravité : la sérénité de l'infant Carlos ou de Marie-Anne d'Autriche est inoubliable.

La misère des formules toutes faites est ici plus choquante qu'ailleurs. Philippe II n'est pas seul à être revêtu d'une épithète qui le classe dans les esprits qui ont besoin de souvenirs préparés. La cruauté, la malpropreté et la paresse sont, comme on sait, proverbiales dès qu'on parle des hommes et des choses d'Espagne. On emporte avec soi ces idées admises avant le départ, on les vérifie, on les rapporte et on les transmet généralement avec générosité. Mais si l'on a de la sincérité et quelque peu de bienveillance, il faut au retour laisser ces vieux mensonges : la paresse habite Naples, la saleté demeure en Auvergne ou en Bretagne, la cruauté partout.

Le mendiant de Murillo, don Juan, le barbier Figaro et Séville forment assez exactement la liste des gens et des lieux qui donnent la note attendue aux voyageurs pressés. Ce sont les éternels personnages des éternelles comédies : ils sont partout et nulle part; il n'est besoin de sortir de chez soi pour aller au-devant d'eux, et on les rencontre d'autant plus aisément qu'ils n'existent pas. Ils sont imaginés et ils sont vrais ; quelques-uns, créés par des écrivains qui étaient fantaisistes jusqu'à n'être pas espagnols.

Le pouilleux de Murillo qui est dans la salle La Caze, au Louvre, est un des coupables ; il n'en a pas fallu plus peut-être pour fonder une légende et, du coup, tous les Castillans sont rongés de vermine, à Séville tous les barbiers sont des Figaro, l'Andalousie est pleine de sots qui troublent des mariages en de folles journées ; tous les Chérubins entrevus ont des marraines et des rubans roses, ce qui est fort joli. Ce qui est plus rare, ce sont les créateurs de ces figures charmantes et légendaires quand ils sont Beaumarchais pour Figaro, ou Mozart pour don Juan Leporello et Zerline.

Le charme de l'Espagne est indéfinissable. Si on aime ce pays, c'est que l'on s'est senti à son aise dans sa foule, dans son atmosphère, dans son originalité ; on y trouve la séduction de choses entrevues, perceptibles à peine.

J'avoue que j'aime les mendiants fiers qui font bien sous les porches des églises, près des écus impérieux des armes seigneuriales ; ils m'ont paru propres et n'exhalent pas l'odeur insoutenable du suint de pauvre. Les mendiants espagnols ne courent pas ; à quoi bon être mendiant s'il faut se donner tant de peine ? Vaut-il pas mieux accueillir le voyageur à sa descente de voiture, que d'aller au-devant pour ensuite courir à ses trousses ? Le vrai mendiant se confond avec l'architecture et sait attendre ; la réflexion ou les patenôtres aident à la patience ; il viendra bien quelque chose ou du monastère ou des visiteurs, et le quelque chose vient généralement. Il peut se faire aussi que cet indispensable manque, alors la bataille est perdue pour un jour : on verra demain ; et le mendiant qui est beau joueur remonte sa large ceinture noire en se dirigeant vers la fontaine voisine qui, au moins, donne de l'eau sans compter.

J'aime la sonorité des cloches qui n'ont pas un son de cloche, qui ne sont pas faites de bronze et dont la voix ne porte pas loin, qui doivent être d'un métal voisin du fer, ne résonnant guère mieux que si don Quichotte, frappant de son épée sur son armure, appelait les fidèles à quelque office. Il y a quantité de ces cloches à de petits couvents enfouis dans l'amas des maisons, au fond des ruelles, jetant leur appel pour des dévotions locales à des saints du pays, dont la protection ne doit guère plus dépas· ser les murs de la cité, que le son grêle de la petite cloche ne prévient ceux qui sont au loin. C'est intime et citadin. Grâce à ces souvenirs intimes, il émane de la ville une tiédeur protectrice qui est d'un charme très grand ; il y fait chaud, on y a des amis, on sait qu'il y a des remparts, la sécurité est enveloppante.

Quand le soir tombe au-dessus de Tolède, couleur de raisins roux, et que cette ferraille tout ensemble martelée, égrène ses tintements, ce n'est que le murmure d'un carillon, comme les sonnailles de quelques gros béliers, une sorte d'accompagnement au soir qui descend sur la ville. Des fumées au-dessus des toits suivent les caprices de l'air. Autour des petites croix aux angles des pignons, les hirondelles folles décrivent des paraphes noirs sans cesse renouvelés.

Il est bon de penser que demain on reverra les mêmes
choses dans la joie de la même lumière ; le comte d'Orgaz
sera encore au mur de sa chapelle ; il y aura les mêmes
mendiants accompagnateurs des architectures ; au matin,
les mêmes petites cloches feront le même murmure ; au
marché, viendront les mêmes ânes gris chargés des
mêmes besaces ; et les filles aux cheveux pesants atten-
dront aux fontaines, assises sur leur cruche, dans les
mêmes attitudes, se disant les mêmes choses.

Les diligences qui emmènent loin, emportent l'esprit ;
on aime le bruit des grelots de leurs mules, l'air de fête
qu'a tout attelage en entrant en ville, les roues blanchies
de la poudre des chemins, et le toit recouvert d'une
bâche sous laquelle ont dormi des gens mêlés aux
bagages. L'Espagne est un des derniers pays où on peut
encore voir et goûter l'antique manière de voyager ; la
diligence est sœur de la posada à parfum de soupe à
l'huile, de vin à odeur de bouc, de lampe romaine à la
fumée âcre qui empuante sans éclairer. Pour passer au
travers des sierras, il a tant fallu grimper, redescen-
dre pour regrimper encore avant d'amener la voiture
sur la grande place de la ville toujours perchée ; il a fallu
passer les gués des ruisseaux ou les ponts hardis aux
invraisemblables dos d'âne, avant de prendre l'allure
triomphale qu'il faut toujours prendre en franchis-
sant la porte de pierres roussies par des siècles d'été.

Anciennes manières des vieux voyages dont on a vécu
l'imprévu et dont est charmant le souvenir quand, dans
un pays qui vous est cher, on goûte les délices d'une pro-

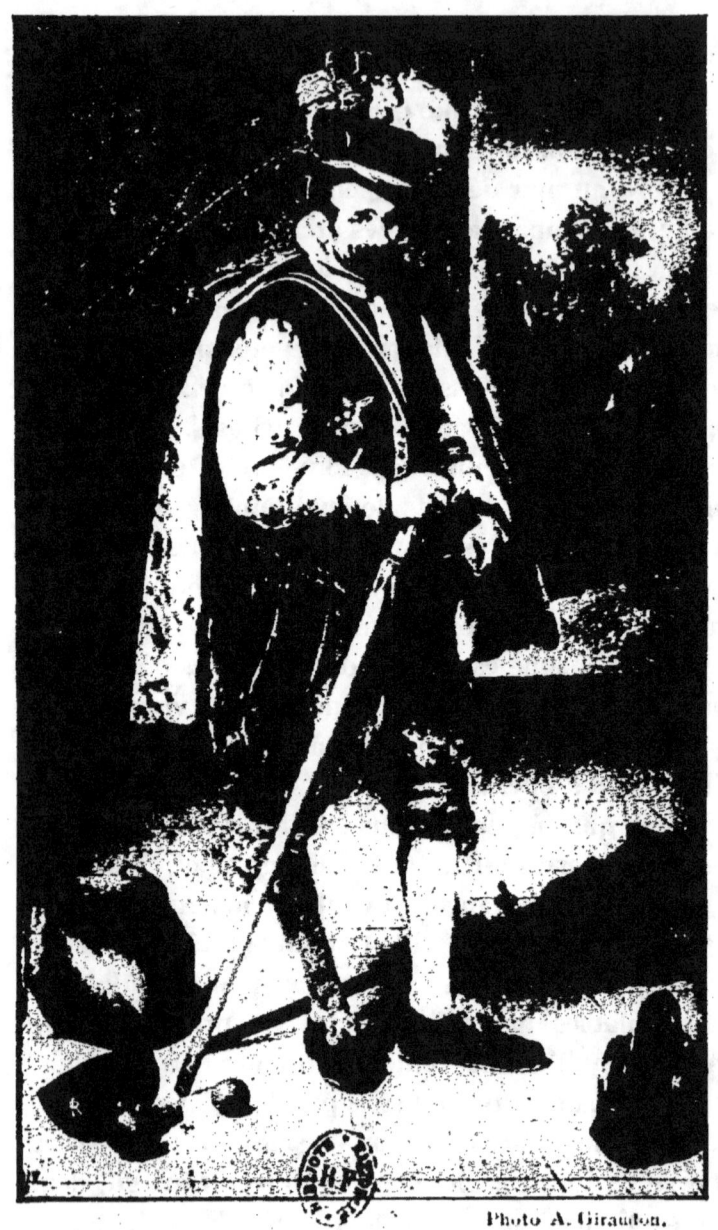

Photo A. Giraudon.

LE BOUFFON DON GIOVANNI D'AUTRICHE

(Musée du Prado.)

menade en carriole par de mauvais chemins, certain de ne pas croiser l'automobile ennemi de la route silencieuse qui, brutalement soulève la poussière et vous laisse enveloppé de sa désagréable odeur. Le cheval que l'on mène est confiant, il n'aura pas peur, les roues suivront les ornières creusées par d'autres roues, on aura pour soi le paysage que l'on regardera sans crainte de ce qui peut arriver sur un chemin où on est seul, avec seulement des pies hochant leur queue dans un labour près d'un bouquet de bois, et sur l'horizon, le nuage qui se forme, grandit et se déforme sous le vent. Si les arbres se courbent sous un ciel qui menace, si par moment un embrun de pluie vous fouette le visage, amenant un rien de frisson et des odeurs mouillées d'automne, on éprouvera la joie de se sentir vivre.

Il faut peu de chose à l'imagination, tout lui est pâture ; comme tout est modèle aux bons peintres. Aussi le spectacle de la diligence qui entre en ville évoque-t-il toute une Espagne d'aventures qui subsistera toujours parce que le besoin de courir les chemins est éternel, comme il est éternel de courir après les caprices du sort au lieu de les attendre chez soi. Pourquoi dépasser *la rive prochaine* que tant de voyageurs franchirent pourtant, passant les frontières et les cols des sierras, pour ensuite se débattre avec des aventures dans des hôtelleries, et affronter enfin les exigences des hôtes, moment redoutable où il faut tirer la pauvre bourse qu'il sera si difficile de regarnir.

Jamais fixés, inquiets et d'esprit changeant, il faut

bien colorer notre vie des hasards des rencontres, bonnes
ou mauvaises, afin d'amasser pour nos vieux jours des
trésors de souvenirs, bons ou mauvais. Le Chevalier de
la Triste Figure est encore le grand ancêtre de tous les
amoureux de l'espace, de ceux qui dorment sous les
étoiles : des Pablo de Ségovie, des Gil Blas de Santillane,
traîneurs de routes et fouetteurs de lièvres, pions errants
faisant les beaux devant des cuisines. Lamentable histoire de pauvres diables parcheminés d'un diplôme et
qui, toute leur jeunesse, courent après une pitance. La
pitance recule si bien qu'il faut toujours courir.

Roman comique et triste de comédiens en tournée, de
valets congédiés, de voleurs et d'archevêques ; d'une foule
d'êtres qui passent et ainsi que le disent les titres des
chapitres *de leurs amours subits et de ce qu'il en advint.*
Là de grandes dames sensibles et pieuses se butent à la
calomnie, des ecclésiastiques se démènent avec le saint
office, des soldats qui ont quitté leur armée deviennent
tout à fait voleurs, car comme tout le monde ils l'étaient
à demi. La sainte Hermandad en recueillera la moitié, le
reste sera pendu, mais la troupe des chercheurs d'aventures se recrutera toujours.

La confidente à demi voilée d'une mantille, le valet
ahuri seulement quand il convient, scapin satellite de
cette duègne, ou Leporello à la solde de don Juan, sont
personnages indispensables pour un imbroglio d'aventures à prétentions espagnoles, pastiches frelatés, poncifs
pour feuilletons ou pour théâtre. Un joyeux tavernier
père d'une jolie fille, c'est tout un acte d'opéra léger,

art suranné et charmant que l'on verra ou que l'on entendra selon le degré de son imagination, avec alcade, tabellion, castagnettes et guitare, Almaviva et Bartolo. L'amoureux sera coiffé d'une résille ainsi que les personnages de Goya et l'ingénue très brune aura sur son boléro des torsades formant de petites épaulettes, comme sur les vestes des toréros.

Ces personnages des romans picaresques sont très loin de la noblesse rigide et parfois ridicule des hidalgos d'autrefois. Ils font penser à ces rapins grisonnants qui traînent dans les académies, toujours étudiants, jamais maîtres, qui vont ressassant les écœurantes farces des ateliers, gardiens à leur manière d'une tradition qu'ils transmettent précieusement. Ils vont d'aventure en aventure, sans but vraiment noble, ne courant qu'après le souper et le gîte. Il y a en eux une bassesse de caractère qui ne peut voisiner avec la fierté légendaire du Cid et l'audace des *conquistadors* de la grande époque. Ils sont déchus et finissent, sans révolte ni écœurement d'eux-mêmes, bohèmes irrémédiables. Une monarchie qui déclinait en restant absolue produisait des courtisans de qualité inférieure, à bassesse ostensible, ne sachant plus servir ou servant mal, sans élégances dans leur courtisanerie. On sait bien, parbleu! qu'il faut servir, s'atteler à la fortune des grands, mais il y faut la vraie manière. Les grands aiment la juste mesure, plus que l'étalage de la servilité. Ils ne comprennent pas la volupté qu'il peut y avoir à se vautrer dans sa servitude.

Ces Gil Blas et ces Pablo vous ont un relent d'office et

de friponnaille qui sent la domesticité à échine souple, à vertèbres apparentes. Chassés, battus, amoureux de passage, médecins de rencontre ou voleurs, ils détroussent des passants qui n'ont rien, pour, plus loin, claquer des dents devant une maritorne qui torche une écuelle vide. Ils dépensent autant de convoitises et de ruses pour la maritorne que pour l'écuelle, mais des deux assiégées, c'est la maritorne qui se rend la première : il faut une plus grande dépense de lutte et d'esprit pour se remplir l'estomac. On devine, sous le pourpoint râpé, des côtes en relief comme on voit aux chevaux qui vont finir dans le cirque. Pauvre vie sans vrai rire ! Velazquez, qui va fixer les derniers rayons de cette monarchie qui s'effondre, est domestique lui aussi, il est de la Maison, le valet préposé aux effigies, le valet que le roi paye mal ou même ne paie pas.

Le romantisme fait partie de cette mascarade aventureuse : Ruy Blas de Victor Hugo en est le dernier écho. Pour habiller les acteurs qui représentent les seigneurs d'autrefois, on va emprunter à leurs portraits, copier leurs images ; le musée du Prado de Madrid fournira la forme des bottes molles couleur daim, des chapeaux à plumes, des épées, de la chaîne d'or qui doit barrer un pourpoint noir, et des extraordinaires vertugadins fleuris et raides, qui obligeaient les femmes à tenir leurs bras éloignés de leur taille. C'est sur les portraits que l'on recueille les cadenettes qui retiennent les cheveux, les rubans, les paillettes, la montre ronde et lourde attachée à la taille par une cordelière, et le mouchoir très

Pl. XII.

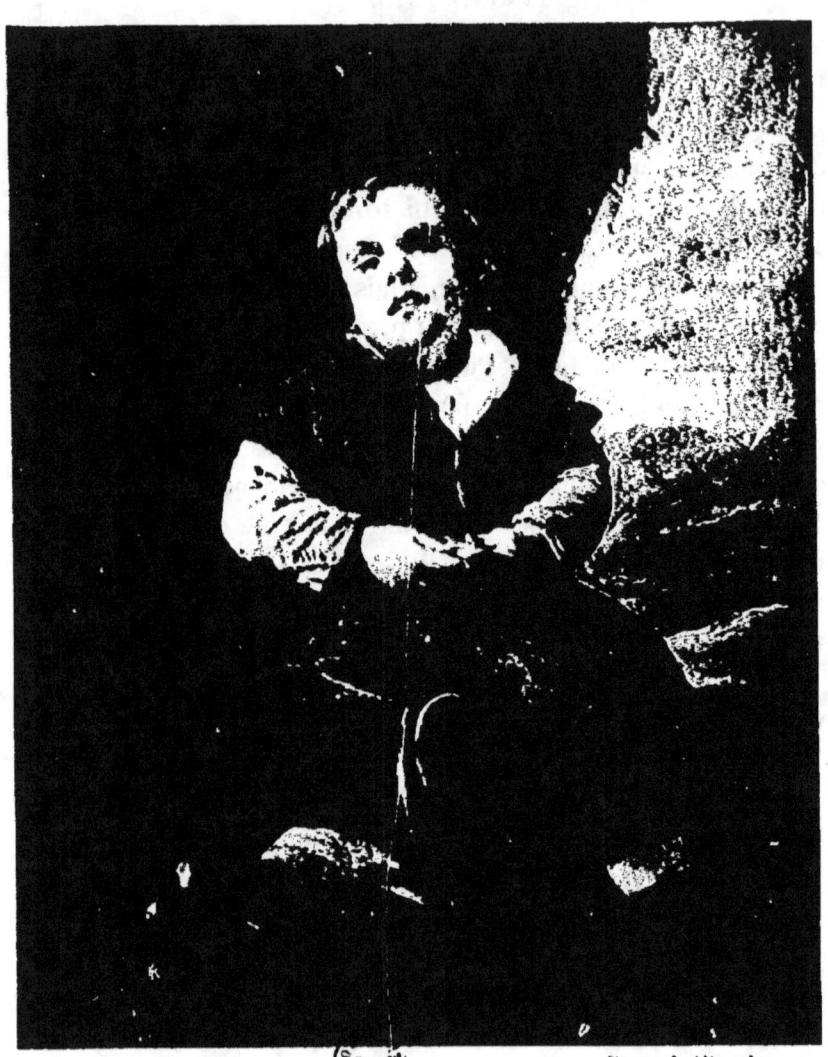

IL BUFFON DI VALLECAS

(Musée du Prado.)

grand et très brodé qui se tenait de la main gauche.
Toute la friperie romantique est empruntée à de beaux
tableaux qui nous disent la façon noble dont le roi porte
et relève son manteau brodé de la croix d'Alcantara, la
couleur des gants des infants, comment étaient les
armures sombres et cannelées, damasquinées d'or, qui
paraient le duc d'Albe et Olivarès.

Mais ces très beaux habits, merveilleusement portés,
vont subir la déformation que subit toute copie. Pour
leur adaptation, on coupe, on rogne, on ajoute, on
retranche selon le goût des interprètes ou la bourse des
directeurs. Tout cela est parfois ridicule, mais pour nous
qui reconnaissons au passage et l'allure et la défroque,
toujours cette pacotille est sortie des tableaux de Velazquez, comme le Figaro de Beaumarchais est sorti du
roman de Quévédo, arrangé et réduit, preste et charmant, frondeur en boléro de velours et à petite culotte à
plis cassants.

Les philosophes représentés par le peintre donneront
aux romantiques la note de ce qu'il faut être dans le
genre débraillé, mais noble ; ils montreront comment :

> *Plus délabré que Job et plus fier que Bragance*
> *Drapant sa gueuserie avec son arrogance*

on a le maintien qui sied à un porteur de guenilles. Phi-
losophe ou seigneur déclassé, c'est tout un.

Parmi ces affamés, le cher don César — comte de Ga-
rofa, s'il vous plaît, près de Vieil Alcazar — pauvre,

amoureux, n'ayant rien sous la dent, avise une cuisine
au soupirail ardent ; il porte un pourpoint vieux rose
tout passementé et bourré de billets doux adressés par
centaines au fat parfumé d'ambre à qui il vient de le voler.
Don César lit les billets, à jeun, toujours à jeun, et pendant que l'odeur des mets lui monte aux narines, il
se délecte aux madrigaux que lui livre cet habit qui lui
tiendra chaud l'hiver le faisant beau l'été :

> *Et trompant l'estomac et le cœur tour à tour*
> *J'ai l'odeur du festin et l'ombre de l'amour.*

Tout cela est artificiel, empanaché comme les mules
de la diligence, outré, grossi pour le théâtre plus que
simplifié pour la vraie œuvre d'art, claironné avec l'inso-
lence que donnent le génie et l'outrance des sentiments
exprimés, mais la frappe régulière de vers bien marqués
a le charme des hardiesses martelées et sonores qui se font
mieux entendre que les cloches timides des couvents de
Tolède.

Le valet, ver de terre, est amoureux d'une étoile, et
cette étoile est la reine qui finit par aimer le valet, élevé
au rang de ministre. Cela est aussi loin de nous que les
beaux habits sont loin de la misère des costumes confec-
tionnés qui font les foules si laides et les rues si tristes.
C'est surtout en art que les vraies émotions viennent de
ce qui est simple ; ce qui surprend seulement par
l'imprévu ne peut pas aller très loin. S'il y a une littérature espagnole qui depuis Corneille a donné le goût de la

cape, de l'épée et du grand seigneur, c'est aux tableaux qu'on a pris les costumes. On les a copiés comme les comédiens ont copié les attitudes des portraits ; la déformation est la même, il y a même bâtardise. Le tailleur, en copiant, n'est plus qu'un costumier, le héros de théâtre a vulgarisé le geste noble, à force de le chercher. Toute cette magnificence dont on peut entrevoir la réalité par un effort de son esprit n'est plus que mensongère; c'est de la défroque de coulisses.

Au demeurant, cette friperie amuse, elle couvre des artifices qui, à certains moments, donnent du plaisir et peuvent être un repos, comme à d'autres heures, autrement disposé, on les tient pour une offense à la vraie beauté. Ce qui importe, c'est que cela s'accorde à notre esprit; il a ses caprices; la vérité a son moment, elle aime à céder parfois aux choses çà et là charmantes de la fiction et de la sonorité.

Le comédien qui fait l'homme de cour se gonfle sous la lumière et relève son manteau de la pointe de son épée de théâtre ; il vante la beauté de cette épée :

> *La poignée est de Gil, le fameux ciseleur,*
> *Celui qui le mieux creuse, au gré des belles filles*
> *Dans un pommeau d'épée, une boîte à pastilles.*

Ce que disant, tout en la faisant admirer, il en passe l'écharpe à l'épaule de son laquais qu'il arme grand seigneur, et lui signifie qu'il ait à devenir l'amant de la reine. On n'imagine pas le comte duc d'Olivarès ayant

cette aisance et cette grâce, si après sa chute il lui avait
pris fantaisie de se venger, en ordonnant à un de ses
nains de se faire aimer de Marie-Anne d'Autriche.

Enfin, comme l'humanité a ses réalités tristes et qu'il
y a là des alguazils, des corsaires, des amours dange-
reuses, des duels et de la traîtrise, la diversion est apaisante. L'auteur qui sait la loi des contrastes y mélange sa
philosophie à son esthétique, les gens passent sous la
lumière des lustres, de la musique des rimes s'échappent
des mots heureux ou jolis dont on a le souvenir, de même
que l'on gardera le souvenir des beaux tableaux du Prado
plutôt que des pourpoints d'occasion, quand le rideau du
théâtre sera tombé sur la dernière tirade et le dernier
salut.

Du spectacle d'hier, affiche déchirée.

DEUXIÈME PARTIE
LA VIE ET LES ŒUVRES

CHAPITRE PREMIER
LA VIE

Naissance de Velazquez. ··· Ses maîtres. — Velazquez chez Pacheco. — Le Comte d'Olivarès le fait venir d'Andalousie. — Le roi lui commande son portrait. — Carrière de Velazquez auprès du roi. — Sa mort.

Herrera, Murillo, Alonso Cano, Zurbaran sont nés à Séville ; mais le grand Sévillan, c'est Velazquez. Il y naquit un jour de juin de 1599, dans une maison de la Calle de Gorgoja dont plus rien ne subsiste. L'église paroissiale de San Pedro conserve son acte de baptême : son père, né aussi à Séville, s'appelait Rodriguez de Silva, sa mère, également sévillane, s'appelait Géronima Velazquez ; c'est le nom de sa mère qu'il a rendu à tout jamais glorieux.

Son premier maître fut Herrera. Il y a au Louvre un tableau de ce grand et noble peintre, c'est le *Saint Basile dictant sa doctrine ;* assemblée de rudes personnages

dominés par le plus rude d'entre eux, l'évêque mitré qui
est au centre de la composition, farouche et barbu, bâtisseur et combattant, un de ces pourchasseurs d'héré-
tiques dont l'école espagnole est seule à donner l'impression aussi entière. Évêque ou chef de bande, c'est
tout un pour les brusques pinceaux de Herrera qui, à
Séville, vient en date après le Gréco de Tolède, précédant
Velazquez qu'il a pu à peine dégrossir, car à quatorze
ans l'élève quittait le maître, incapable de supporter
cet homme impétueux avec qui nul ne pouvait s'entendre, qui faisait ébaucher ses tableaux par sa servante
à défaut d'élève, et qui, brutal et batailleur comme les
personnages qu'il représentait, vivait seul ; sa femme et
ses enfants eux-mêmes s'étant éloignés de lui.

Alors Velazquez entra dans l'atelier du doux et adroit
Pacheco, qui avait déjà comme élèves Alonso Cano et
Zurbaran.

La maison de Pacheco était une sorte d'académie où
se réunissaient les beaux esprits de Séville, les gens
instruits, ceux qui se distinguaient dans les lettres
ou les arts et qui aimaient à disputer de ces choses.
C'était un salon, tout à l'opposé de la maison du bourru
Herrera où personne ne devait venir. Pacheco passait
pour un poète élégant et subtil, amateur de latinité
et dont l'autorité était généralement reconnue. Velazquez n'apprit pas seulement auprès de lui les premiers
principes de son art, mais cette académie qu'était sa
maison lui fut aussi une préparation utile à la vie de
courtisan qu'il devait mener ; il avait dû s'y former à des

Pl. XIII.

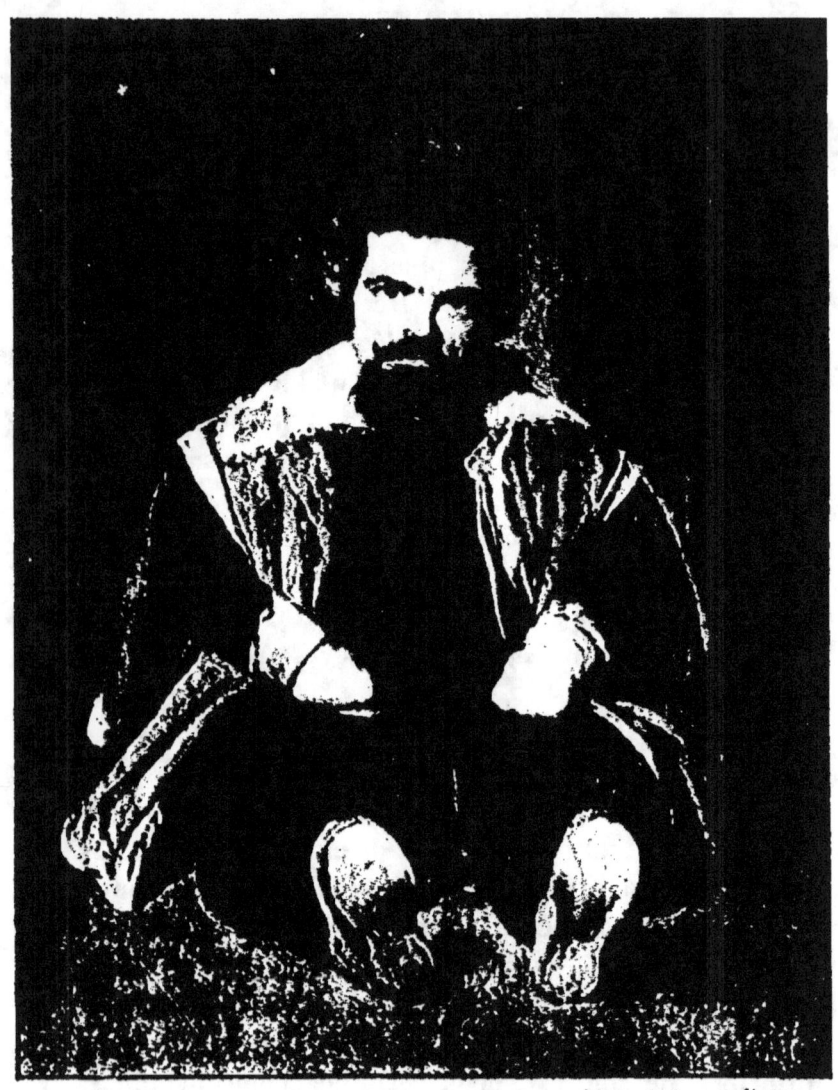

DON SEBASTIANO DE MORRA (?)

(Musée du Prado.)

manières simples et affables, à un langage élevé, choses
qui ne devaient pas s'apprendre au commerce vulgaire d'Herrera. En revanche, celui-ci, qui était un
vrai maître, aurait sûrement été pour Velazquez un autre
guide que Pacheco. Mais il ne faut rien regretter.
L'heure vient où le peintre qui doit être un grand artiste
est son élève à lui-même. Il s'enseigne le plus impor-
tant, ce qui se trouve en soi, et que, si habile soit-il, un
professeur ne peut enseigner, mais tout au plus deviner et
aider à faire naître en enseignant les rudiments du métier.

L'art de la peinture est, entre tous les autres, celui qui
peut être le plus insupportable s'il ne s'exprime que par
un métier bien appris et bien fait. En dehors de la sûreté
ou de l'adresse, il faut encore cette saveur qui rend l'œuvre
d'art émue, vibrante, plus que bien faite ; il faut aussi
un rien de maladresse qui fait l'œuvre individuelle et
touchante. Qui savait mieux peindre que Paul Delaroche ?
Qui a produit travail plus insipide ? Au contraire Millet
n'a retenu que l'utile de ce qu'on lui a appris, mais
sa main est guidée par l'émotion, son métier est menu,
pourtant très ample, lent, quoique la peine n'en soit
pas visible. Il pourrait être le type du maître qui ne sait
pas peindre et dont l'émotion atteint les plus hauts
sommets. A ce degré, le professeur qui a enseigné
au débutant n'a plus d'action, son influence s'est
effacée, il n'a fait que transmettre les rudiments qu'à
lui-même un autre avait transmis, et c'est tout. Si
on peut apprendre à faire un tableau, on n'apprend pas
à faire une œuvre d'art. C'est le secret du don.

Pacheco ne put donc apprendre que peu de choses à
Velazquez, mais il eut le pressentiment de son succès, il
vit le génie en lui, devina son bel avenir de peintre officiel et honoré. Il lui donna sa fille Juana. A dix-neuf ans,
le 23 avril 1618, Velazquez épousa la fille de son maître ;
un poète glorieux en ce temps, Francisco de Rioja, fut
un des témoins. Les registres de l'église San Miguel de
Séville constatent l'événement ; mais ailleurs, dans
un de ses livres sans doute, le beau-père Pacheco parle
de son gendre avec éloquence et effusion : « Après cinq
ans d'éducation et d'enseignement, dit-il, je lui donnai
ma fille en mariage, incité par ses vertus, sa retenue et
ses belles qualités, aussi par les espérances que me faisaient concevoir son heureux naturel et son grand talent. »
On ne pouvait être meilleur prophète.

Au printemps de 1623, de sa province d'Andalousie,
Velazquez fut mandé par le comte duc d'Olivarès, favori et
ministre de Philippe IV. Son heure était venue, la fortune
allait gonfler sa voile. Il partit pour Madrid, accompagné
de l'avisé Pacheco qui, en sagace beau-père, pressentait le
succès qui attendait son gendre à la cour. Il dut d'abord
y faire le portrait d'un certain Fonseca, huissier du rideau
du roi; ce portrait, à peine fini, fut tout de suite porté
au palais. On s'attroupa, tous vinrent le voir; le cardinal-
infant et son camérier, don Carlos, le frère du cardinal-
infant, puis des grands et des dignitaires en exaltèrent si
vivement les mérites que le roi voulut voir aussi et, emporté par l'enthousiasme général, incontinent commanda
son portrait au jeune peintre dans sa gloire naissante.

Le premier de cette série des portraits royaux, Velazquez ne put pourtant le commencer tout de suite à cause des nombreuses occupations du monarque. L'artiste commençait son apprentissage de peintre officiel à la merci de son modèle ; mais, le portrait achevé, la ressemblance fut si parfaite et le triomphe de l'artiste si complet qu'il fut admis au service de Sa Majesté, aux gages de vingt ducats par mois : le ducat valait à peu près deux francs soixante-quinze de notre monnaie.

La vie de Velazquez est maintenant tracée. On ne quitte pas le roi quand on est de sa Maison. L'artiste n'a qu'à continuer et à grandir. Pendant ses quarante années de service, il va monter, monter toujours, comme un homme heureux qui triomphe à peu de lutte. Sa vie qui va être médiocre sera facile. Le roi le prend ; il est son peintre ; ses tableaux vont être heureux comme son existence sans orage. Sa carrière doit être racontée maintenant par ses œuvres, qui sont les beaux témoins d'une belle vie qui se termina le 6 août 1660, à l'âge de soixante et un ans.

CHAPITRE II

LES PORTRAITS D'APPARAT

Les Rois, les Reines.
Les Infants, les Infantes. — Le Pape Innocent X. — Olivarès.

Le portrait de Philippe III, très joliment équestre, est
de Bartholomé Gonzalez ; Velazquez n'y fit que les
quelques retouches qui eut suffi pour qu'à l'œuvre sans
flamme s'ajoutât de la maîtrise. La vie de Philippe III
fut simple. Le père, Philippe II, ayant laissé peu de choses
à faire au fils, l'histoire a seulement inscrit sur son registre
que ce monarque fut pieux et indolent, qu'il aima les
voyages, les chasses, et qu'il passa beaucoup de son temps
dans les monastères.

Le document qu'est ce portrait caracolant de Philippe III, si peu ressemblant au caractère défini par
les historiens, montre le joli mensonge qu'il était en
usage de faire. C'est en somme cette formule que Velazquez a toujours suivie ; il a toujours ajouté à la
vérité sa virtuosité de peintre. Ce qu'il y a de plus
remarquable et de plus saisissable en lui, c'est à la
fois la perfection du métier et la probité dans la vision.

De semblables portraits chez des peintres ordinaires, ne sont que des œuvres pompeuses. Sous le pinceau d'un maître vraiment grand, la formule morte s'anime et se simplifie ; c'est de tout point la même que nous allons voir dans l'incomparable effigie qu'est le portrait de Philippe IV.

On n'est pas plus roi. De tous les souverains, il est le plus royal. Le Charles Ier de Van Dyck n'est pas royal à ce point. De Louis XIV, Coysevox a fait un dieu, Rigaud un demi-dieu, Le Brun, quand il a peint son maître, l'a représenté comme une divinité pour apothéose, mais le vrai roi est le Philippe IV équestre du musée du Prado. Il est plus grand seigneur qu'Olivarès, qui, outrant le ton et dépassant la mesure, a de la vulgarité. Donc, la flatterie de Velazquez a des bornes, son besoin de vérité l'emporte sur la courtisanerie que malgré lui il devait avoir. Il est avant tout portraitiste et peintre, il donne à chacun ce qui convient dans le caractère qui lui est propre: il ne trompe pas l'histoire, elle peut s'appuyer sur lui. D'ailleurs, l'école espagnole, heureusement sans imagination, ignore tout en dehors de la seule réalité. Témoin, dans ce même musée du Prado, le portrait du roi Charles III par Goya. C'est une merveille de la ressemblance poussée à l'extrême. La sincérité atteint là sa dernière limite. Dans ce beau tableau le peintre jette les irrespectueuses découvertes que son sens aigu de la psychologie lui a révélé : on ne peut mieux donner l'idée d'un de ces rois bernés des opérettes, jocrisse amoureux, ridicule et podagre, pauvre vieux roi de comédie qui finit sa race, comme on voit sur les caricatures lithographiées du temps de Charles X, le vieux Bourbon, finissant son règne sous la moquerie des caricatures, encore servi, mais déjà bafoué, comme le Ranuce Ernest de Stendhal.

Philippe IV est la grâce simple et sûre, sans emphase inutile. Le modèle et le peintre ont tous deux la mesure parfaite de ce qui convient. Un roi du moyen âge, en robe, sous une ogive, est le roi consacré de temps très lointains ; le Philippe IV de Velazquez est le roi déjà moderne qu'on peut très bien concevoir. Il est certain de sa royauté, certain d'être le successeur d'une lignée de monarques magnifiques dont la magnificence rejaillit sur lui ; il est moins sûr de sa descendance qui s'obstine à ne pas vivre : ses enfants meurent, et sur son royaume, peu après lui, règnera un Bourbon. Mais pour l'heure, il est l'héréditaire, il ne soupçonne même pas qu'on peut être l'élu, il n'a pas de parlement, un favori pour tout ministre, et, s'il perd ses provinces, il n'en doit compte qu'à Dieu. Le poison ou la dague pourraient être sa seule hantise, mais il est sûr de ses sujets, leur loyalisme est à toute épreuve, comme la fidélité de son peintre. Ainsi que Ranuce Ernest, il n'a besoin de regarder sous son lit pour voir si des libéraux n'y sont pas cachés. Avant lui on bâtit, après lui on détruit : il aura seulement vu chanceler les premières pierres du trop vaste édifice : il est encore le pouvoir en pleine floraison.

Comme il est en même temps un souverain affaibli et malade que çà et là on dépouille de ses territoires, il

donne bien plus l'idée de l'absolutisme que le conquérant
heureux qui affirme sa puissance et grandit son pays.
Il est tout naturel que celui-là règne sans conteste,
mais lui, déchu, sans postérité, il n'est presque rien par
lui-même, il est la démonstration vivante que la vraie
puissance réside en la force héréditaire.

Velazquez l'a représenté de profil, coiffé du chapeau à
plumes. Sortant de dessous le chapeau, coule jusque sur sa
joue en cachant l'oreille la mèche de ses cheveux de blond
lymphatique, la longue mèche alors à la mode et semblable aux oreilles des chiens épagneuls. Il a le menton
ovoïde et pesant, barbiché d'une virgule très blonde,
l'œil vide, le regard loin. Il porte l'armure noirâtre à
rehauts d'or, barrée de la belle écharpe flottante, il a dans
sa main gantée le bâton mensonger des commandements,
car le vrai roi sera jusqu'à sa disgrâce le ministre favori
Gaspard de Guzman, comte duc d'Olivarès. Il monte
une magnifique bête qui caracole à demi ; sur l'étrier le
pied chaussé de gris est très élégant et très fin. Derrière
lui, le ciel a des coulées horizontales presque parallèles
aux ondulations de terrain ; il n'est pas de plus beau
morceau de son royaume que le paysage qui est au-
dessus des jambes à demi cabrées du cheval orgueilleux ;
il n'est pas de plus joli ciel, tranquille et heureux, que celui
qui se déploie derrière et au-dessus de lui.

Philippe IV dans cette effigie est triomphant d'une
gloire prêtée par son peintre, car de lui-même le pauvre
roi ne triompha de rien, pas même de ses maladies,
encore moins de ses vices, et quand son ministre, pour

rester favori, eut la sottise de le vouloir décréter *Grand*,
le ridicule suffit à faire échouer la proposition. Grand,
disait-on, à la manière d'un fossé qui grandit de tout
ce qu'on lui enlève. On venait en effet de lui prendre le
Roussillon, la Catalogne, le Portugal ; il accumulait les
défaites et pour l'Espagne les déchéances. Aussitôt
après sa mort, son gendre Louis XIV va s'emparer de la
Flandre et de la Franche-Comté en des campagnes faciles
que les dames suivront, le roi de France invitant sa cour
au spectacle des villes qu'il assiège.

Le même Philippe IV, debout, coiffé d'une casquette,
avec son chien et son fusil de chasse, est à quelques
mètres dans le même musée ; le roi équestre et le roi
chasseur. Tous deux sont de peinture aussi belle. Le roi
chasseur est celui dont il y a une réplique au Louvre. Il
a la mise ordinaire de ceux qui, ayant tout, affectent la
simplicité : dans sa splendeur le souverain, portant
l'armure et tenant le bâton de commandement, est
tout aussi simple ; il n'a rien de l'endimanché que
tout à l'heure nous trouverons dans Olivarès ; ici
il est vêtu de noir, la main droite gantée à crispin
tient le fusil baissé, l'autre main est sur la hanche.
Philippe IV est dans l'atelier du peintre, il pose plus
qu'il ne chasse, son chien, assis à côté de lui, pose
également. Il serait d'un goût fâcheux pour la majesté
royale de faire participer le roi à une anecdote de chasseur ou de le montrer en une action figée ; le roi ne chasse
pas, il a le costume d'une de ses fonctions de gentil-
homme, il n'en a pas l'action. Le peintre qui connaît bien

Pl. XIV.

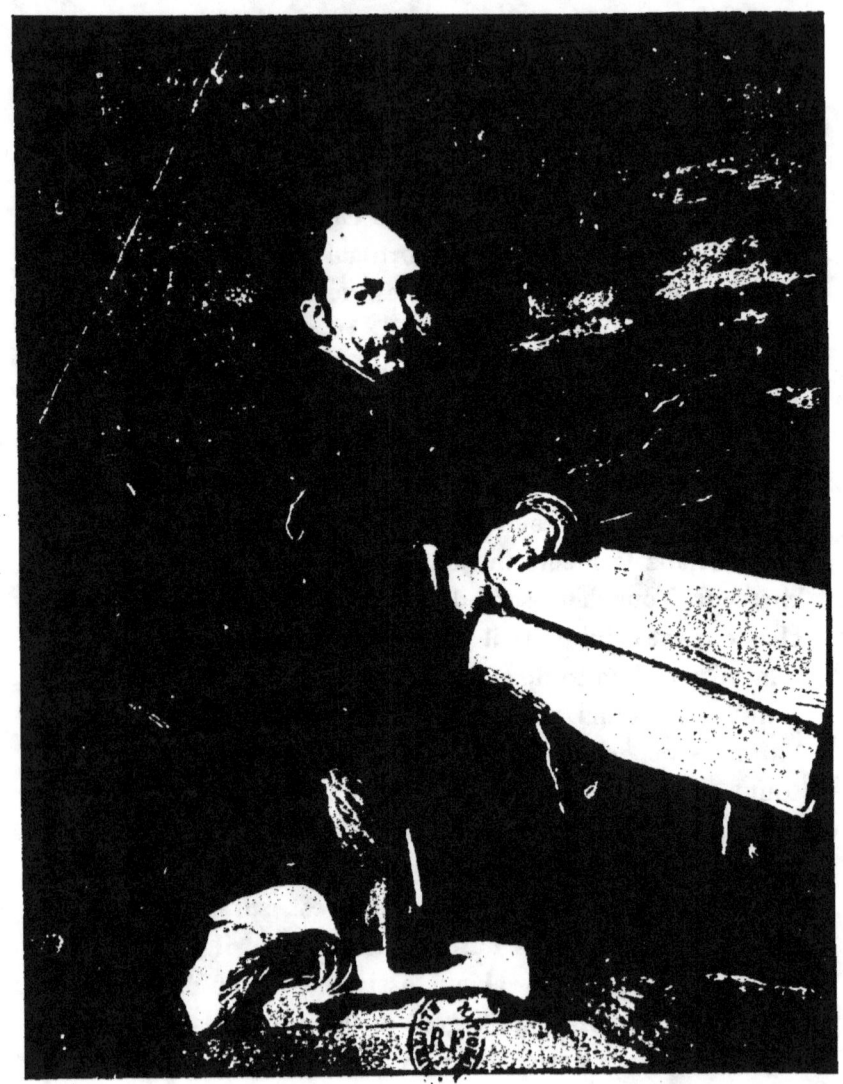

Photo A. Giraudon.

LE NAIN EL PRIMO

(Musée du Prado.)

son métier de cour sait comment on représente le souverain dans des appareils différents. Le roi est toujours
le roi ; une sorte de protocole, peut-être, réglait ces
choses. Quoi qu'il en soit, le portrait du roi chasseur est
précieux en ce qu'il montre un Habsbourg dans la simplicité d'un costume de chasse d'un goût parfait et merveilleusement approprié à la fonction royale. Ces Philippe, si fiers de leur puissance, si orgueilleux de toutes
leurs Espagnes, dont les cérémonies et l'étiquette, sont
compliquées jusqu'au ridicule, ont consenti à être simples
dans la représentation de leur propre image. Il nous
manque un Louis XIV qui aurait daigné être familier.

Le portrait équestre d'Isabelle de Bourbon, première
femme de Philippe IV, est de Bartholomé Gonzalez
comme celui de Philippe III ; Velazquez n'y fit, comme
au premier, que des retouches, mais elles rendent
l'œuvre précieuse. Cette princesse éprouvait, paraît-il,
de l'ennui à poser, et, de plus, elle n'aimait pas Velazquez qui aimait la vérité. Elle et sa camarilla détestaient
l'artiste parce qu'elles étaient ennemies d'Olivarès qui
l'avait introduit à la cour et le protégeait.

Son excuse est que sans doute elle n'avait pas de
goût pour la peinture et qu'elle ne pouvait se douter
que sa propre gloire allait être liée à celle de cet artiste
qu'elle combattait. Si aujourd'hui on est curieux d'elle
et de ses beaux atours, c'est surtout parce que Velazquez

a en partie repeint le cheval qui la porte. Ses beaux
vêtements sont de Gonzalez, c'est d'ailleurs en cela qu'ils
sont curieux. Velazquez les eut peints d'autre façon, avec
une matière plus riche, plus grasse, plus somptueuse,
mais ils seraient pour les archéologues des documents
moins précieux : le faire précis et sec de Gonzalez en révèle
tous les ornements jusque dans leurs détails et en donne
l'exact dessin.

Si nous avions un portrait de femme à cheval de
l'importance de celui d'Isabelle de Bourbon tout entier
du pinceau de Velazquez, ce serait sans doute l'équivalent
des grands portraits équestres que l'artiste fit de Philippe et de son ministre, plus précieux mille fois que le
portrait aux détails précis ornant la robe de la reine
ou la housse de son cheval par l'assez méchant peintre
que fut Gonzalez.

Le cheval tacheté de roux est d'un beau blanc floral.
Il ne piaffe pas ainsi que pour un roi : il est calme et au
pas, de profil. La reine le monte en fourche, à la manière
du temps, comme un cavalier. Il est recouvert d'un beau
tapis que la robe de la souveraine recouvre à son tour
presque entièrement. Tout l'arrière-train disparaît sous
la riche étoffe ; les sabots d'arrière seuls dépassent
sous le tapis frangé aux ornements à reliefs d'or. Cela
est somptueux et de grand apparat.

La tête de la reine est de trois-quarts, posée sur une
large collerette ; sa coiffure est déjà savante, mais moins
compliquée qu'elle ne le sera quelques années plus tard,
quand la mode aura atteint toute son exagération et que

Velazquez fera un chef-d'œuvre du portrait de la seconde femme du roi, cette Marianne d'Autriche qu'il est à tout jamais regrettable de ne pas avoir à cheval : c'eût été chose divine. On entrevoit ce qu'elle aurait pu être et la vision qu'on en a, si loin cependant de la chose réalisée, est déjà une joie, la joie de la merveille entrevue par la pensée. La figure, entièrement du pinceau de Velazquez, se détacherait sur un ciel si vrai et si beau, qu'il diviniserait la royale idole; une fleur bien placée mettrait une rose de couleur entre les oreilles du cheval, sans doute un chien courrait dans le tableau, ou, ce qui ne rebutait pas le maître, le contraste étant familier à cette cour, un nain ou quelque difforme étrange se jouerait à hauteur du poitrail, près des jambes. Malheureusement toutes les reines que peignit Velazquez de sa main ne sont pas à cheval, mais debout.

Entre toutes, l'inoubliable est Marianne d'Autriche. C'est le plus beau portrait de femme de Velazquez, comme son plus beau portrait d'enfant sera celui de sa fille, la petite infante Marguerite, celle du Louvre et des Ménines.

Le sort de Marianne d'Autriche était d'être reine d'Espagne : d'abord destinée à l'infant qui mourut, elle épousa le père qui disparut à son tour, et, veuve de Philippe IV, elle gouverna l'Espagne pendant la minorité de son fils Charles II, qu'elle maria à la jeune allemande Marie de Neubourg, l'héroïne du drame de Victor Hugo.

Quand Velazquez fit ce merveilleux portrait, elle avait alors trente ans, l'artiste cinquante-deux. Il était dans

toute sa force, dans tout son épanouissement; elle, dans
la magnificence de sa royauté et dans tout son éclat de
femme. La rencontre vint à son heure, peintre et modèle
étaient prêts pour le chef-d'œuvre. La reine était,
disent les historiens, une Viennoise replète et blonde
« plus blanche que la neige, plus brillante que les astres ».
Vrai modèle pour Rubens qui eût fait ses épaules de
nacre et son teint de lys. Elle était, de plus, gourmande,
paresseuse et dévote ; elle n'aimait pas les Espagnols
qu'elle ne pouvait comprendre ; son confesseur était allemand, ancien officier de cavalerie devenu jésuite.

Pendant son veuvage, alors qu'elle gouvernait ce pays
qui n'était pas le sien, et dont tout dans sa nature l'éloi-
gnait, elle reçut en audience l'archevêque d'Embrun,
ambassadeur de Louis XIV qui commença par lui expliquer que le roi, son maître, était obligé de faire « quelques
démonstrations de guerre », mais que Sa Majesté « avait
pris ses résolutions avec des intentions pacifiques ». Puis
il annonça l'entrée prochaine des troupes en Flandre. La
reine, dit-il, « l'écouta avec une attention particulière,
tenant son éventail qu'elle remuait quelquefois et,
d'autres fois, cessait de l'agiter aux endroits de la conver-
sation qui lui étaient le plus sensibles ».

Rubens ne peignit pas les épaules blanches de cette
femme, Velazquez non plus, car dans son portrait du
Prado, il ne la représente pas comme aurait fait le maître flamand. La peinture de Rubens aurait sans doute
été goûtée par le modèle, tandis que la Viennoise ne dut
rien comprendre à l'image espagnolisée, où rien ne se trahit

de la septentrionale replète et blonde que lui livra
Velazquez. Les reines d'Espagne, ne montrant pas leurs
épaules, les siennes, dans son portrait, sont couvertes
et cerclées d'un collier qui doit être un Ordre de chevalerie. Elle n'est plus la femme du récit de l'ambassadeur ; elle ne porte plus en main l'éventail qu'elle agitait
à l'annonce de la Flandre envahie ; elle retient seulement
un grand mouchoir qui glisse sur l'énorme robe, l'autre
main s'appuie au dossier d'une chaise qui disparaît dans
le cadre. Au fond, on voit une table avec une petite pen-
dule et, au-dessus de la reine, pour grandir le tableau et
sans doute équilibrer l'ampleur de la robe, se déploie un
grand rideau riche et doux, d'une pourpre fanée.

La tête est invraisemblablement surchargée d'une chevelure artificielle, où des complications de rubans roses
se mêlent à une infinité de nattes ; cela est du même
travail que les crinières divisées des chevaux aux jours de
carrousel. Coiffure et robe, tout est en largeur, rien ne
grandit le personnage. Si bouffante est la robe qu'elle
oblige à tenir les bras loin du corps. La garde-infante
et les vertugadins sont démesurés, enfermant la reine
comme dans une tour, tenant loin des hommages des
autres hommes la femme qui est l'objet des amours du roi.

Il est probable que les modèles de ce temps ont dû
demander à leurs peintres de résoudre les mêmes problèmes qu'aujourd'hui. Ils voulaient que sur les tableaux
les modes ne changent pas, afin que les portraits ne
soient pas trop datés par la forme des robes. C'est une
demande couramment faite de nos jours et qui a dû être

toujours faite ; les modèles ayant sans doute et de tout temps les mêmes soucis.

Mais il est fort heureux pour nous que ces curieux atours datent et gardent l'empreinte du temps où ils ont été portés, que Velazquez n'ait rien enlevé à leur exagération, qu'il nous les montre ainsi qu'ils devaient être, rigides et emprisonnants comme l'étiquette, beaux de leurs étoffes somptueuses avec lesquelles le peintre de génie a su faire de la beauté. Leur ampleur est une sauvegarde. Si les vertugadins bouffent de telle façon, comment passer par l'escalier dérobé ? Comment se rendre à de coupables rendez-vous avec des robes si trahissantes, dont la soie sera si chantante en frôlant les murs ? Le peintre a heureusement respecté ce qui est un ravissement pour nous ; il s'est bien gardé de rogner aux rondeurs des robes, non plus qu'aux cadenettes des coiffures, ni aux imbriqués des mousselines, ni au ridicule parfois charmant qui se cache en toute mode. Il nous a conservé la représentation vivante d'une époque lointaine dont les ajustements ont disparu, comme ont disparu la morgue hautaine et l'allure cavalière des somptueux modèles.

Le peintre qui allie de la sincérité au talent est historien malgré lui. Il n'est même d'autre peinture d'histoire que la sienne. Avec la vérité une psychologie sort des pinceaux de l'artiste qui a souci de ne dire que ce qui est vrai. Sous son travail, sa toile se transfigure, elle évoque, parle, disant de son temps ce qui méritait d'en être transmis sous la forme de peinture.

Pl. XV.

Photo A. Giraudon.

MÉNIPPE

(Musée du Prado.)

Un des plus nobles côtés de Velazquez, c'est qu'il est libre. Il ignore la misère des portraits flattés, des yeux agrandis, des sourires niais mis à toutes les bouches. Le génie a les contraintes qu'il se donne à lui-même, et ne peut faire la besogne imposée par l'esthétique, le goût ou le caprice des modèles qui généralement veulent être représentés ainsi qu'ils se voient. C'est le peintre seul qui voit.

La couleur du portrait de Marianne d'Autriche ne peut être définie. Que l'on imagine une fleur séchée retrouvée dans un livre, marquant la page que l'on aime à relire, ayant conservé le bel éclat assourdi des choses qui sont naturellement riches et discrètes !

La suprême distinction de la couleur se trouve dans cette œuvre. On ne peut avoir plus le sens et la sobriété du coloriste que Velazquez, bien que n'étant pas coloriste, dans le sens qu'on donne à ce mot quand il s'agit de Watteau, de Delacroix ou de Rembrandt. Marianne d'Autriche est une somptueuse fleur royale, un peu triste, venue dans une tiédeur de serre, contrainte par des artifices de jardinier savant. Façonnée par des usages, elle n'est plus femme, ne devant être que reine, très au-dessus de la pauvre humanité qui, pour elle, a des hommages voisins de l'idolâtrie. Velazquez à qui il ne faut rien souhaiter, qui fut un être complet, ne semble pas avoir eu le don de la grâce féminine, ainsi que nous pouvons le comprendre avec nos idées et nos modèles trop vivants d'aujourd'hui. L'allure cavalière des hommes lui est bien plus familière que la grâce

des femmes ; c'est avec eux qu'il est le plus à l'aise.
Et il est fort heureux que la distance observée et les
idées de son temps lui aient fait représenter la reine
d'une façon, telle qu'elle nous laisse de son époque une
image exacte.

Il serait infiniment dommage que dès le XVIIᵉ siècle,
Marianne d'Autriche ressemblât aux filles de Louis XV.
S'il y a des corps de femmes sous les robes de Nattier et un
corps de reine sous les beaux ramages de la robe de Marie
Leckzinska par Toqué, toute misère terrestre est absente
sous la robe d'étoffe raide, aux broderies d'argent qui
enveloppe de sa douceur sombre la mélancolique reine
d'Espagne.

On n'est pas plus reine. Et quand Velazquez fit ce
portrait, il est bien plus le peintre d'une idole qui se
montre en pompeux appareil, qu'il n'est le peintre d'une
femme qui peut être aimée et dont on veut garder le
souvenir. La distance n'est pas si grande des portraits de
ces reines aux madones irréelles engoncées dans des brocarts qu'on voit dans les églises d'Espagne. Est-il même
bien certain qu'il ne s'adresse pas à elles une idolâtrie
parente : à la madone des supplications d'une foi mal
comprise, qui vont à l'image bien plus qu'à l'esprit; à
la reine un loyalisme aveugle : le roi étant une divinité terrestre de qui tout dépend, il faut apaiser sa colère,
flatter ses passions et encenser sa femme d'hommages
incessants. Un portrait n'a pas à montrer que cette idole
est une femme ; c'est sans doute pour cela que Marianne
d'Autriche est si bien reine et idole dans l'œuvre de

Velazquez, et que jamais tant d'artifice n'a été repro-
duit avec plus de vérité.

*
* *

L'infant don Carlos, le frère de Philippe IV, c'est
l'homme au gant. Il a vingt ans, il est grand, élancé, mince,
la tête petite, les jambes grêles. Il est vêtu de vêtements
sombres, le pourpoint long est barré d'une chaîne d'or, et
de son cou descend jusqu'à sa ceinture un collier de ruban
noir où pend une Toison d'or qui doit sonner à sa marche.
La tête, impérieuse déjà, est comme présentée sur un col
de lingerie simple qui est la seule partie claire du tableau.
La main gauche gantée retient le chapeau d'une façon
imprécise qui est d'un art extrême ; l'autre main, nue et
abandonnée le long du corps, tient avec négligence le
bout d'un doigt du gant. Un oubli de la main, le gant à
peine tenu tomberait à ses pieds, comme va trembler la
petite Toison d'or au moindre de ses pas. C'est l'élégance,
c'est aussi la jeunesse.

Il y a au Louvre un des plus beaux Titien, c'est le portrait d'un jeune patricien dont on sait peut-être le nom,
mais qui est l'*Homme au gant* et ne saurait être appelé
autrement. Si, par extraordinaire, on ignorait le nom de
l'infant Carlos, si ce jeune homme grave dont le portrait
qui est d'un si grand peintre n'était pas le frère du roi
mais un bâtard inconnu, sans histoire et seulement beau
de traits, traversant la postérité d'une façon anonyme et silencieuse, dans son musée, il serait sans

doute aussi l'homme au gant, ou à la chaîne d'or, le portrait mystérieux qui arrête les visiteurs malgré eux, et
que la foule désigne en lui donnant un nom qui n'est pas
le sien. Il en est ainsi de la Prise de Bréda que l'on appelle
communément *Les Lances*.

C'est pour les peintres comme pour les tableaux une
forme de la plus haute gloire que ces désignations qui
viennent on ne sait comment, et qu'une œuvre garde
autant qu'elle dure, baptisée à jamais d'un nom qui ne
lui avait pas été donné. C'est pour son auteur une rati-
fication de la postérité sous une forme rare et d'autant
plus glorieuse. Il est peu d'œuvres qui mériteraient
mieux d'être ainsi marquées que ce portrait de l'infant
Carlos, le frère de Philippe IV, dont Velazquez fit un de
ses trois plus beaux portraits d'hommes : le roi chasseur,
le roi à cheval et l'infant, frère du roi.

Ce portrait est un des premiers parmi les plus beaux
du grand maître. Il a cette sécheresse un peu particulière
aux premières œuvres d'un artiste très doué et qui marque bien plus l'affirmation d'une volonté qu'elle n'annonce de la rudesse native. C'est un doute de soi qui
fait que l'artiste jeune a besoin d'une certitude qui se
traduit par une manière un peu sèche, une facture
autoritaire, qui donne l'illusion du définitif à qui ne
s'est pas encore complètement trouvé. C'est un des meil-
leurs symptômes; la mollesse est pour les débuts un
symptôme contraire. L'artiste qui doit atteindre à la
maîtrise et dont les commencements sont entachés de
cette précision un peu trop sèche la retrouve toujours,

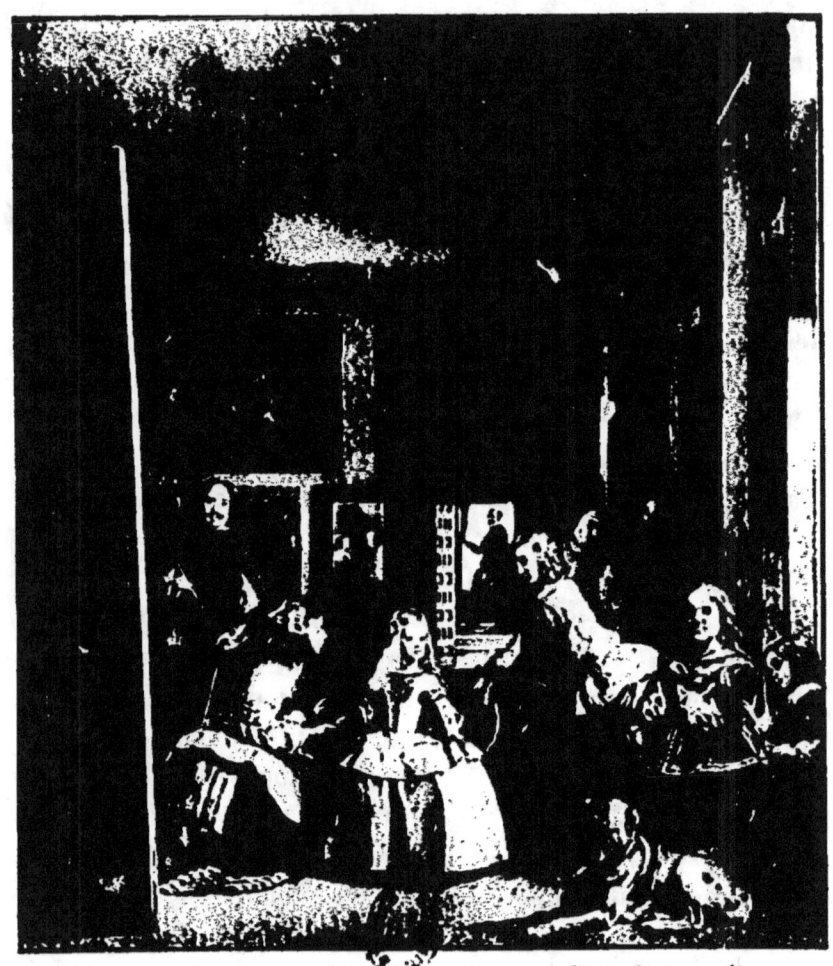

Pl. XVI.

Photo Anderson, Rome.

LES MENINES

(Musée du Prado)

par la suite, mais fondue dans l'indéfinissable velouté
que donne la belle et solide peinture. Elle semble alors
ne pas avoir donné de peine, la douleur de la création
n'est pas visible.

Les arts à leurs débuts ont cette première rudesse,
les maîtres aussi. Cette sécheresse n'est en somme qu'une
des formes de la lutte ; c'est la marque de la primitivité
pour une école aussi bien que pour un artiste. Les métopes
de Sélinonte et les marbres d'Égine précèdent l'épanouissement du beau ve siècle. Il y a dans l'âpreté incisive des
primitifs l'affirmation qui suit les balbutiements des
débuts, et qui précède la floraison définitive à laquelle
succédera la décadence. C'est la route normale, nul n'y
échappe ; le chemin est le même pour les hommes que
pour les écoles. Cette sécheresse se retrouvera dans l'exé-
cution des œuvres des débuts, dont les sujets retracent
les luttes initiales, les combats des premiers temps qui
sont là comme pour dire qu'il y a des conflits même à
l'aurore des choses. On se tue au fronton d'Égine, on
est heureux à celui du Parthénon. Dès les premières
légendes des Centaures combattent les Lapithes, on
voit des gigantomachies monstrueuses, les Grecs du
robuste art dorique se battent autour du corps de
Patrocle, et la déesse implacable jette ses chiens sur
Actéon l'imprudent aux métopes de Sélinonte. Aphrodite, cependant éternelle, ne semble pas encore sortie
du marbre des sculpteurs, ni les belles victoires ailées,
ni le Dyonisos au divin équilibre. L'admirable débris
qui sommeille dans un musée de Londres et qu'on appelle

l'*Illissus* est entre toutes une œuvre de vie frémissante et
de plastique simplifiée et géniale. Elle attendait pour
naître que la période primitive qui s'exprime par la lutte
et la volonté ait préparé son épanouissement; de même,
plus près de nous, les Quatrocentistes charmants et
mièvres ont préparé le plafond de la Sixtine et de la
Chambre de la Signature. Van Eyck a précédé Rubens,
et enfin Velazquez, qui n'échappe pas à cette loi de
formation, a dans le portrait de l'infant Carlos cette
sécheresse qui est le présage heureux de tous les chefs-
d'œuvre qui vont suivre, quand bientôt toute la puissance de son art va se manifester sans effort apparent.

* * *

La Torre de la Parada, dans les monts du Prado, est
un rendez-vous de chasse où depuis Charles-Quint, les
rois d'Espagne aimaient à se rendre. C'est pour cette
maison que furent faits les portraits de don Ferdinand,
frère de Philippe IV, en chasseur, coiffé d'une casquette,
ayant auprès de lui un chien comme seul sait les peindre
Velazquez. Le prince a son fusil à la main, et jusqu'à l'horizon, la campagne giboyeuse se déploie, claire, derrière sa
silhouette sombre. Ce tableau n'a pas les qualités merveilleuses du portrait du roi son frère, dont une copie est
au Louvre et l'original au Prado.

Voici, pour la même maison, l'infant don Balthazar
Carlos. Il a six ans, et déjà même à la chasse, il est vêtu
de couleurs sombres. Sur sa tête sa petite casquette

est de travers, et son chien qui est couché semble dormir à ses pieds. Dans les portraits de son père et de son oncle, au contraire, les chiens, assis, sont en éveil, attentifs et prêts à partir au signal des chasseurs. Le petit prince tient un fusil proportionné à sa taille. Quand il s'en servait, il devait donner quelque inquiétude aux gens de Cour qui suivaient sa chasse d'infant chétif et sans doute maladroit.

Un éclatant triomphe de Velazquez est le portrait équestre de ce même petit Balthazar Carlos. Il n'est plus en chasseur, il est en petit roi : une miniature de roi, un adorable petit monarque juché sur un poney d'Espagne qui se cabre pour ériger son petit cavalier, le mettre haut dans la toile, le faire déjà grand, puisqu'il ne sera jamais roi, le bambin qui doit mourir. Il porte le beau chapeau à plumes qui met une ombre sur son front d'enfant, sa petite main tient déjà le lourd bâton des commandements, son pied, dans la petite botte, est ferme sur l'étrier, son écharpe flotte, rose sur le joli ciel. C'est un enchantement et un divin mensonge d'art.

Car l'infant eut sans doute payé cher pour être mis sur un poney fougueux, assez turbulent pour se cabrer; il ne fallait sans doute pas le secouer, le fragile héritier d'une race en détresse et d'un royaume en décadence, à qui son père a légué son mal à défaut de sa couronne, et dont la mort prématurée eut la funeste conséquence de remettre les destinées de l'Espagne entre les mains de cet autre débile que fut son frère, Charles II, vieux avant l'âge, qui à cinq ans ne marchait pas encore et tétait toujours sa nourrice.

Intelligent, Balthazar Carlos était aimé. Petit-fils
d'Henri IV, il tenait de son ancêtre les caractères physi-
ques des Bourbons et n'avait des princes de la maison
d'Autriche, ni la mâchoire proéminente, ni les yeux gris
bleutés de cette mélancolie sans flamme particulière aux
trois Philippe. Sa mère était Isabelle de Bourbon, celle
qui n'aimait pas Velazquez. Elle ne pouvait se douter
que de son fils il ne resterait qu'un cercueil aux caveaux
de l'Escurial, et un éclatant chef-d'œuvre du peintre
qu'elle ne comprit pas, et qui ne connut jamais que son
hostilité.

Balthazar Carlos est frère de la petite infante Marguerite. Velazquez qui devait aimer les enfants a peint leurs
portraits comme il aurait peint de jolies fleurs, vivantes,
mais fragiles.

***

L'infante Marguerite est l'infante du Louvre, celle aussi
des *Menines*, celle encore qui est représentée seule au
musée du Prado, dans l'énorme vertugadin argent et
rose. C'est bien la plus gracieuse fleur et la plus grande
robe qui aient été peintes. La mode à ce moment a son
maximum de bizarrerie; jamais atours plus extravagants
ne parèrent une petite fille. Elle a l'air d'un papillon au
repos; son petit corps que l'on devine si menu est dans
sa robe comme le corps du papillon au milieu de ses ailes.
Sous les manches bouffantes, les petits bras grêles sont
allongés malgré eux le long de la robe. Une des mains

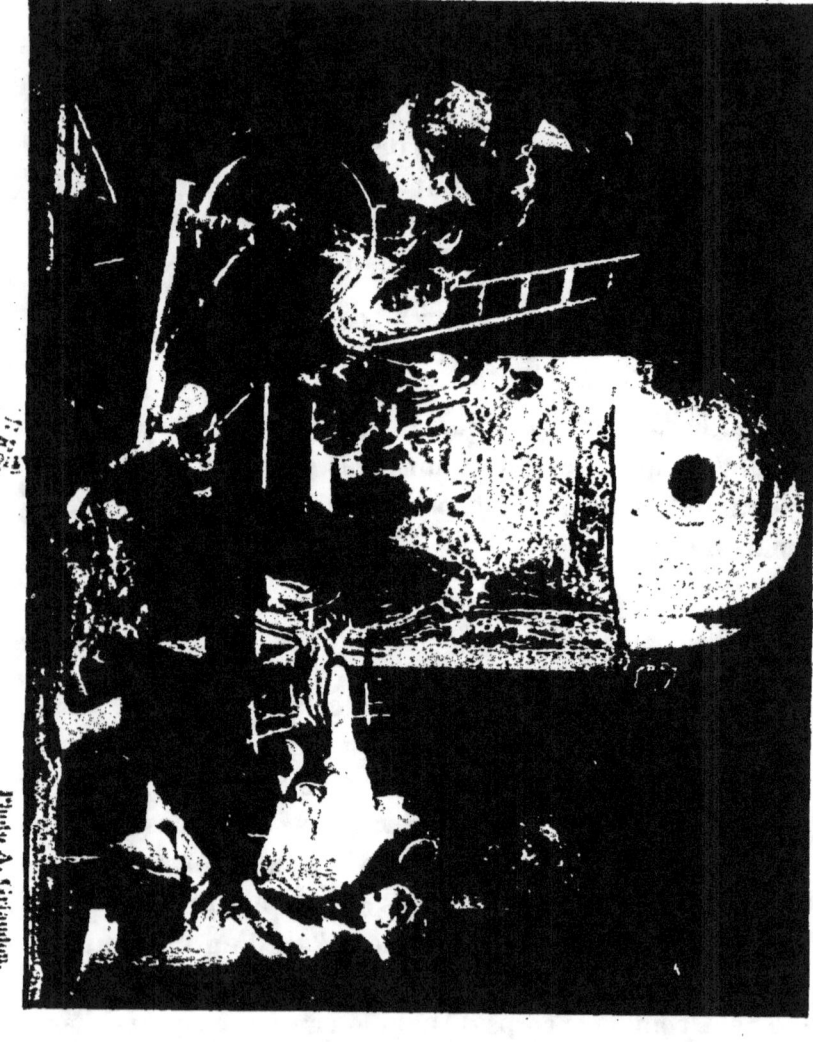

LES FILEUSES
(Musée du Prado.)

Photo A. Giraudon.

PL. XVII.

tient un mouchoir, l'autre est chargée d'une rose. Et
des colliers et mille chamarrures, sans compter la
chaîne d'or qui va d'une épaule à l'autre, surchargent
la gracilité de l'enfant. Elle vécut, la charmante, au contraire de ses frères qui moururent, et elle devint impéra-
trice.

Sa sœur, Marie-Thérèse, fut reine de France. Velazquez ne l'a pas peinte; cela est regrettable : il eût été
curieux d'avoir le portrait de la femme de Louis XIV
quand elle était infante d'Espagne. Des savants préten-
dent qu'en réalité Velazquez a peint Marie-Thérèse et
que le portrait de Marguerite a été primitivement celui
de sa sœur. Après la mort de Velazquez, lors des fian-
çailles de Marguerite avec l'empereur Léopold, un peintre
inconnu, à l'aide de quelques retouches, aurait trans-
formé la petite tête de Marie-Thérèse en celle de Marguerite. Mais qu'importe au fond les sujets des tableaux ou
les noms des personnages à ceux qu'intéresse seulement
la peinture. Ces petites disputes historiques restent pour
nous sans grand intérêt; infante pour infante, ce qui
est importe, c'est que les tableaux soient beaux et que le
maître soit grand.

A peindre des chefs-d'œuvre Velazquez a grandi, le
maître est devenu grand à la manière d'Espagne. Il n'a
peut-être pas peint le portrait de l'infante Marie-Thérèse,
mais il était présent à Saint-Sébastien et dans l'île des
Faisans, lors de la fameuse entrevue et du mariage par
procuration. Ayant beaucoup posé devant lui, le roi
avait sans doute appris à l'estimer, et, capable d'ami-

tié, il en accordait à Velazquez dont il avait fait un
chambellan considérable attaché très étroitement à sa
personne royale. L'artiste fut de la suite pendant cet
extraordinaire voyage à la frontière de France, quand on
alla remettre à Louis XIV la jeune fiancée dont le père
devait ne pas acquitter la dot. C'est de là que naîtra
la guerre, c'est pour cela que le duc d'Anjou deviendra
Philippe V.

Dans cette magnifique escorte, qui de Madrid traversa
la Castille et la Navarre avant d'atteindre les Pyrénées,
dans la foule des courtisans aux costumes chamarrés,
aux noms dont la sonorité n'a d'égale que la longueur de
leur arbre généalogique, se trouvait un homme au teint
olivâtre, aux cheveux ondulés et noirs, semés çà et là de
fils d'argent; c'était Diego Velazquez, chambellan attaché
à la personne de Sa Majesté, en rapports étroits avec
Elle, et dont Philippe IV recherchait la compagnie.
Brodée en rouge, sur sa tunique sombre, on voyait la
longue croix de Santiago émaciée en pointe d'épée; il
portait au cou une chaîne d'or à laquelle était fixé un
bijou en pendentif fait d'émail encerclant un diamant.
Le peintre est maintenant vieilli comme son maître et
modèle, avec lequel il est si intime que, pendant les pré-
paratifs des entrevues officielles, il l'accompagnera secrè-
tement, en barque, jusqu'à la petite île au milieu de la
rivière.

Il y a toujours eu des cachoteries dans ces cours ombra-
geuses et jalouses, des escaliers dérobés, des billets
secrets lus furtivement sous un clair de lune ; aussi n'est-

on pas trop surpris d'apprendre qu'à la veille du mariage, le roi et sa fille, avec Haro le procurateur et Velazquez le peintre, s'en furent mystérieusement voir sur la partie française de la Bidassoa, la reine Anne d'Autriche qui ne connaissait pas cette nièce qui allait devenir sa belle-fille. Elle n'avait pas revu son frère depuis de longues années, et l'entrevue de Philippe IV et de sa sœur fut, dit-on, assez pénible.

Le peintre est donc devenu un seigneur ; ce rang, il a fallu le conquérir à coup de chefs-d'œuvre, l'amitié du prince n'est venue que par surcroît. Longtemps il n'a connu de la cour que les tâches serviles, quand il était confondu avec les bouffons, les barbiers et les nains, que sa solde était misérable et qu'étant de la valetaille, il recevait des aunes de drap pour les deuils de cour : cette cour sévère pouvait devenir triste, et ces gens toujours vêtus de sombre pouvaient s'endeuiller davantage.

Certes, nos peintres d'aujourd'hui ne peuvent finir chambellans à une cour d'étiquette et de politesse compliquées, ni assister de par l'amitié d'un roi au mariage d'une infante, mais dès leurs débuts, ils font autre figure dans le monde, et la société contemporaine leur est plus accueillante. Les gens de métier ne connaissent plus guère cet éloignement poli qui maintient la distance. Être *artiste* ne veut plus dire ce que cela signifiait autrefois, *bourgeois* est un mot qui a également perdu de son ancienne signification ; ces deux vieux ennemis maintenant fraternisent, le bourgeois cossu n'a plus l'épouvante du peintre, et un gendre de cette sorte, adroit et décoré, ne l'effraie plus du tout pour sa fille. C'est vers les temps très lointains du règne de Charles X ou de la monarchie de Juillet, sous M. de Martignac ou M. Périer, que le mépris réciproque du peintre et du bourgeois s'est affirmé dans la société moderne. Ne doutons pas que M. de Villèle ou Talleyrand n'aient eu pour Ingres ou Prud'hon qu'une considération distante et un peu lointaine. Faut-il regretter qu'il n'en soit plus ainsi ? Peut-être. Le mépris est salutaire aux choses difficiles. Il est, toutes proportions gardées, ce besoin du martyre qui est un excitant pour certaines natures. Bravant tout préjugé, il faut que les passionnés seuls s'occupent de l'objet de leur passion. Il faut aussi que la moyenne méprise ce qu'elle ne peut comprendre, et que le méprisé, seul dans sa tour d'ivoire, travaille à sa belle œuvre, ne pouvant en entreprendre aucune autre. Au lieu de le développer, comme il serait souhaitable, qu'on pût détruire le germe de prétendus dons, de façon à ce qu'une élite seule subsiste. *Apprends-nous, ô déesse, à extraire le diamant de la foule impure,* dit Renan dans la *Prière sur l'Acropole.* Le mépris pourrait être un des moyens les plus sûrs d'arriver à cette sélection ; les vrais artistes n'en souffriraient pas, bien au contraire, et nul ne saurait soutenir que l'art contemporain ne gagnerait pas à ce qu'on s'en occupât moins. Il faudrait moins de curiosité autour de la production, mais plus d'affection vraie. Être méprisé ne serait pas payer trop cher pour un artiste un amour plus éclairé de l'art par le public.

Philippe IV eut été vraiment très ingrat en ne donnant

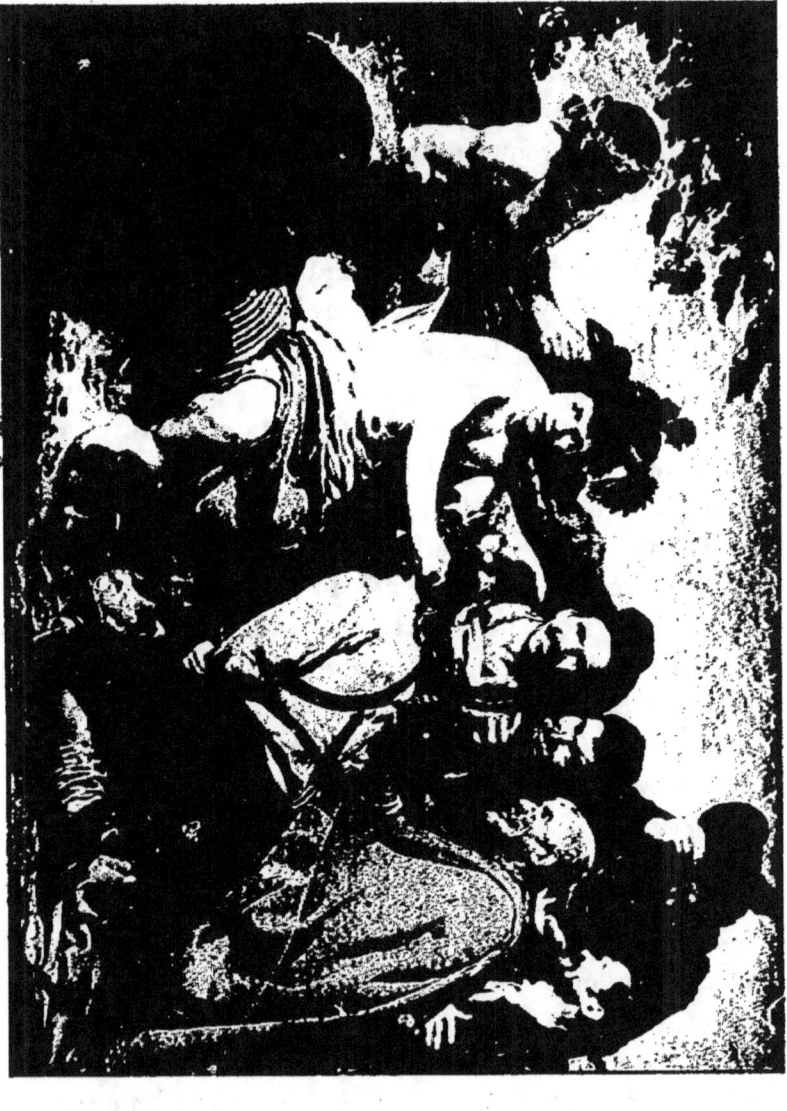

Photo Anderson, Rome.

PL. XVIII.

pas à Velazquez une part de son amitié. Comme il ne pouvait connaître la haute valeur d'art que ses œuvres acquerraient, c'est bien plus à l'homme qu'au peintre que son amitié s'adressait. Philippe qui, pendant tant d'années, s'est trompé sur Olivarès, ne s'est pas trompé sur Velazquez. Sûrement son peintre lui rendait son affection, doublée de la fidélité du sujet pour le monarque. De son côté, Velazquez ne pouvait savoir que sa fidélité serait pour nous un sentiment aussi effacé et mort que sa peinture est devenue claire et vivante. Il est loyaliste par nature, il l'est aussi par métier ; mais il aurait pu détester ce roi dont il était le serviteur et dont il aurait pu ne pas devenir l'ami.

Le secret de sa fidélité est qu'il avait en lui, inconsciemment, ce besoin d'ordre qui est la base de la production d'art. Tout artiste a besoin de cette sécurité et c'est le même sentiment qui fait le monarchiste. La même vue supérieure fait concevoir ce qui produit l'ordre dans des domaines différents. En art et en politique, les mêmes raisons dominent. Celui qui a le sens des proportions subordonnées à la perfection d'un ensemble, se trouve naturellement porté vers un besoin d'unité monarchique ou autre. Ceux dont le métier est de faire concorder des qualités différentes auront toujours besoin de se reposer sur une armature intérieure solide, sur une architecture morale qui ne soit pas discutée, qui maintienne et domine, sur laquelle on puisse bâtir son œuvre personnelle en confiance, et qu'il faut admettre au prix de certaines gênes qui peuvent sembler difficiles à supporter, mais qu'il faut subir par la raison supérieure qui fait aimer l'ordre jusqu'à son incarnation qui est le monarque, le monarque héréditaire, qui, même inférieur, est indispensable au maintien de la chose établie.

L'ordre, c'est pour un travail d'art, l'obligation de faire concorder des choses diverses ; tant qu'elle sera ordonnée même froide et insipide, l'œuvre sera viable. Que le désordre pénètre, c'est l'inharmonie qui entre : l'œuvre alors a en elle son germe mauvais qui la mènera vers la sénile décadence, car l'harmonie, c'est la jeunesse.

De même que dans toute production de l'esprit, il faut, dans un ensemble d'art, savoir subir une partie qui peut ne pas sembler belle, mais qui pourtant est indispensable, sans laquelle, l'œuvre pourrait ne pas être. Mais il faut que cette partie s'unisse si profondément à l'ensemble, qu'elle-même devienne œuvre d'art, nécessaire à sa charpente définitive, comme notre squelette maintient nos muscles, comme les contre-forts maintiennent une cathédrale. Et alors cette misère, cette utilité a sa part de beauté puisqu'elle est indispensable ; elle est la vérité sur laquelle s'appuiera l'œuvre entière à son tour, dans cet orchestre qu'est un édifice ou un tableau ; elle fait sa partie dans ce concert.

Cet ordre parfait, Velazquez l'a mis dans ses portraits qui ne sont pas seulement la représentation d'êtres aristocratiques en leurs costumes d'apparat, affinés par des générations d'élégance et d'oisiveté, mais qui nous disent encore la discipline que pouvait s'imposer ce méridional

de génie qui crée par la belle ordonnance des lignes, sans
se perdre comme le septentrional coloriste, dans des
reflets ou dans des chatoiements veloutés de lumière
diffuse. C'est à nous à discerner ce qu'il exprime, à
entendre son langage, sa belle éloquence des belles choses
si complètement révélées en ces tableaux qui nous
apparaissent maintenant plus précieux encore avec le
recul du temps. Il ne voyait rien de tout cela, lui, le
peintre ; il ne voyait qu'attitudes et couleurs. C'est la
belle inconscience du génie, c'est aussi son privilège que
de faire des œuvres qui doivent un jour forcer la
réflexion de la Postérité. Le tableau est un singulier
livre ; ayant une valeur synthétique, il devient un
texte supérieur qui parle autrement que par les mots,
et d'une façon tout aussi émouvante et tout aussi con-
vaincante.

Velazquez est bien plus que Le Brun l'expression de
l'art monarchique. La production si considérable du Le
Brun de Louis XIV n'est que de l'art italien d'assez
piètre origine, délayé et adapté à tous les besoins d'une
architecture ; prétendu art de décor exécuté avec adresse,
exempt d'émotion, où les nuages qui en sont le
thème principal roulent dans tous les coins, bouchent
tous les trous. L'art de Velazquez, très purement indigène
comme très purement monarchique, est l'expression du
loyalisme de son temps bien plus encore que de la fidélité
personnelle du peintre. C'est un style. Jamais avec tant de
simplicité, le monarque ne fut mis si haut, ni livré à la
postérité avec plus de noblesse. Que sont à côté de ses

glorifications les enccns mélangés de Le Brun et de Boileau ?

On ne peut mieux honorer son roi qu'en faisant de lui le style même qui caractérisera la monarchie. L'anarchie est opposée à la naissance d'un style ; le désordre ne crée pas. D'autre part, un style ne peut se former que quand il est vraiment en harmonie avec l'ordre établi ; il en devient alors l'expression. L'ordre établi n'a lui-même chance de durée et n'est vraiment la vérité passagère qui, en histoire, convient à une heure de certitude, que s'il crée une forme d'art, que s'il laisse des témoins par qui sa mémoire subsiste. D'ailleurs, l'État n'est lui-même qu'une œuvre d'art, ordonnée de même façon, et devant être elle aussi de proportions parfaites. L'œuvre d'art n'existe que par l'harmonie de ses volumes, l'État ne vit que par l'harmonie de ses rouages ; c'est un vase ou une statue. On aime à se représenter l'État grec mené, construit, harmonisé ainsi qu'un temple.

La perfection des tableaux de Velazquez n'est pas seulement l'expression du génie de l'artiste. Ces œuvres ne seraient pas si complètes si elles n'étaient pas des témoins historiques précieux, s'il ne s'y ajoutait surtout ce que l'on vient essayer de dire. Ce qui les complète, c'est qu'elles reflètent merveilleusement le XVIIe siècle espagnol, c'est aussi qu'elles représentent des souverains qui furent les gardiens de l'ordre social de leur temps. Dans le cerveau d'artiste et d'homme de cour de Velazquez il n'y avait pas de place pour l'intelligence affinée qui trouve l'anarchie en fin de ses analyses.

N'oublions pas aussi que les modèles de Velazquez sont les rois très catholiques. Un esprit est en eux ; sous ces fronts calmes, il y a une pensée obsédante ; un feu intérieur couve sous ces pourpoints noirs. Les hommes violemment tourmentés, dont la vie est une mission, ont dans leurs attitudes, dans leur extérieur, comme un reflet de la flamme qui les consume en les faisant agir.

A l'extrême fin de sa vie, Philippe IV sentant venir la ruine de son royaume comme il sentait venir sa mort, entouré de tristesse, las de vivre, blessé dans son orgueil de roi, et sachant que le patrimoine dont il n'était que le dépositaire allait être amoindri, eut un spasme de douleur poignante. Il se jeta à terre, le cœur brisé, en public, et devant tout le monde, avec des sanglots, redit la formule sainte qui était sa grande ressource : *Mon Dieu, que votre volonté soit faite.* Philippe II avait prononcé les mêmes paroles quand on était venu lui annoncer que son invincible Armada n'était plus qu'épaves flottant sur la mer.

Ce fut au cours d'un premier voyage en Italie que Velazquez, habitant la villa Médicis qui, dans ce temps, appartenait à un duc de Toscane, exécuta, par délassement et par besoin de peindre, les deux jolis paysages qui sont au musée du Prado. Ces paysages existent encore. Les balustres de l'un se silhouettent toujours sur les arbres

sombres du *Bosco* de la villa ; l'Ariane de l'autre, encore
endormie, est renversée sous la haute arcature ; et
dans l'air limpide les mêmes cyprès bleus sont toujours
au lointain de l'horizon de Rome.

On retrouve dans ces paysages la même sincérité que
dans les portraits. Partout dans l'œuvre entière du
maître se discernent la même honnêteté, la même conscience.

A un second voyage en Italie, l'Espagne ayant encore
un vice-roi à Naples, Velazquez fut accrédité auprès de
ce gardien de la majesté des Habsbourg. Il acheta des
bronzes et des marbres antiques pour la collection
royale ; puis, remontant de Naples à Rome, il séjourna et
peignit dans la ville Éternelle le portrait du pape Innocent X. J'avoue que le souvenir ne m'en est pas aussi
présent que celui des portraits des rois et des infantes
dont les images se sont plus impérieusement fixées dans
mon esprit. Au milieu de cette accumulation de merveilles
d'art qu'est Rome, on ne peut pas se souvenir également de tous les chefs-d'œuvre. A Madrid on peut ne
voir que Velazquez, il est seul ; à Rome il y a
d'autres dieux. Le maître espagnol, d'ailleurs, est un
peu dépaysé dans cette atmosphère si différente de la
sienne, dans l'air voluptueusement latin et civilisé de la
Rome aux eaux pures sans cesse jaillissantes. C'est autre
chose que l'on vient chercher là, Velazquez n'y est que
par hasard. Il était lui-même, en Italie, un passant qui,
en paiement de l'hospitalité reçue, laisse le portrait de
son hôte.

Pl. XIX.

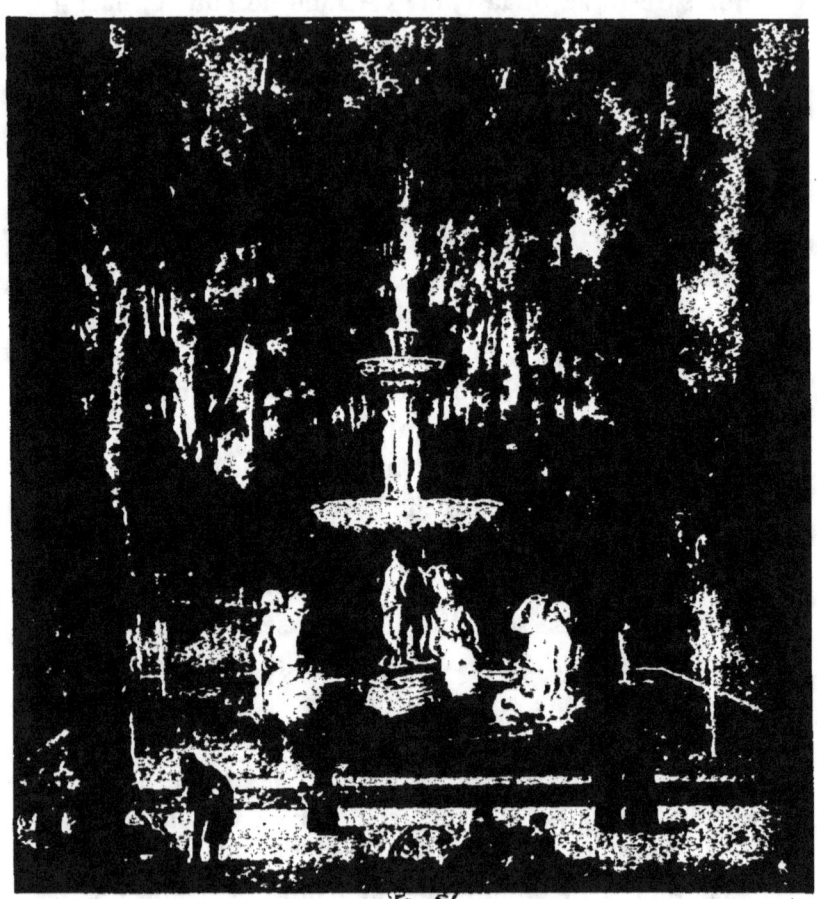

Photo Anderson, Rome.

LA FONTAINE DES TRITONS

(Mus . . P .   .

On peut donc être excusable de n'avoir pas fixé suffisamment en sa mémoire ce portrait d'Innocent X. Certains le disent très beau : il faut les croire et n'accuser que soi et une défaillance de sa mémoire. S'il s'est estompé dans les souvenirs, d'autres ont pris sa place : l'énigmatique visage de Marianne d'Autriche et la fleur vivante qu'est l'infante Marguerite restent surtout présents entre tant de belles images.

Une particularité : le pape tient en sa main gauche un papier sur lequel Velazquez signa ; il aimait à faire ainsi tenir à son modèle ou à mettre dans l'angle d'un tableau ce papier destiné à recevoir son nom. On le trouve dans le coin gauche du portrait d'Olivarès ; dans les *Lances*, il est à droite. Vieille et charmante manière des vieux peintres, qui conserve ainsi dans une œuvre éternelle le nom de ceux qui ont pris de la peine pour la joie de nos yeux et de notre esprit.

Que de Tartarins ont conté leurs victoires, leurs chasses ou leurs amours ! Gaspard de Guzman, comte-duc d'Olivarès, ministre favori de Philippe IV, devait être du nombre, à en croire son portrait où, de son bâton audacieusement levé, il commande à une bataille dont la mêlée se voit au loin, la fumée atteignant jusqu'aux sabots d'avant de sa monture puissante, peinte d'un beau brun rouge, sombre et luisant. C'est un engagement de cavalerie : un cheval est mort sous le ventre du sien,

le reste fuit. Il est de toute évidence que le comte-duc
n'a eu qu'à se montrer pour que l'ennemi tourne casaque
et que Sa Majesté compte, grâce à son ministre, une
victoire de plus,

> Et sans m'enfler de gloire,
> Du détail de cette victoire
> Je puis parler très savamment.

Le fâcheux est qu'Olivarès ne fut de sa vie à aucune
bataille. Il accepta ce témoignage de reconnaissance de
la part du peintre qu'il avait introduit à la cour ; sans
doute le peintre savait-il que la fumée de la poudre est
un encens délicieux à qui ne l'a jamais respiré, et que
cette allure triomphale, cette belle armure, et tout l'air
vainqueur du personnage devaient prodigieusement
flatter Olivarès.

Mais cette mise en scène fut peut-être, de la part
de Velazquez, autant l'observance d'une tradition qu'une
flatterie reconnaissante de la protection du duc. Les
grands de ce monde ont toujours voulu être représentés
à cheval. Qu'importe d'ailleurs que le cheval se cabre
et que le cavalier soit calme dans la mêlée! Mensonge ou
vérité, cela ne nous regarde en rien. Le peintre ne ment
pas puisque le mouvement du cheval est juste, la tête
du duc magnifique et ressemblante, superbe le fond trom-
peur où de petits hommes se tuent dans la fumée grisante
d'une bataille.

La vérité que veut l'artiste, il la veut à sa façon. Si
l'anecdote n'est pas vraie le cheval est beau, l'écharpe

au gros nœud rose qui recouvre l'épée au pommeau de riche travail, chatoyante ; le chapeau est plus grand que celui du roi, la moustache barre la tête posée sur la colle-rette qui contraste par sa lingerie avec l'armure imbri-quée d'or ; le regard est fier et dur, fixant le spectateur, se désintéressant de la victoire qui se dessine et de l'ennemi à qui pourtant on vient de tailler des croupières. Nous ne pouvons pas en vouloir à Velazquez d'avoir été indulgent au ministre qui gâchait le royaume de son maître, au favori vaniteux, puisqu'il sut le premier devi-ner l'artiste, le protéger, puisqu'il lui rendit possible son beau travail de peintre de cour.

Le modèle triomphant du portrait, qui, pendant vingt-deux années, avait fait litière de l'autorité du roi, un beau jour ne gouverna plus : le maître se reprit, le favori tomba. Il tomba de très haut, fut réduit à s'échapper de Madrid en secret, par des chemins déserts, à peine tracés dans la campagne triste, son carosse hermétique-ment clos, escorté seulement de quatre pauvres diables de serviteurs grelottants sur leurs chevaux, tremblants de peur d'être assassinés au détour de quelque sentier. Enfin désespéré il devint fou. Quand on regarde le por-trait magnifique on frémit à la profondeur de cette chute.

CHAPITRE III

LES ANIMAUX ET LES BOUFFONS

Les Chiens et les Chevaux. — Les Bouffons. — Les Nains.
Les Difformes.

Du porche de la cathédrale d'Avila qui est une des plus belles d'Espagne, on a la vue des lointains de la campagne bleue, au-dessus des maisons en contre-bas qui sont comme agenouillées autour de l'église dominant la ville et dont l'abside fait partie des remparts. Puis, descendant la pente des rues, on sort de la cité par la *Porta del Puente;* on franchit la rivière et, remontant un peu au-dessus de la posada où, cloués au mur, des chapelets d'oignons roses sèchent, où, devant la porte, des ânes attendent, besaciers aux oreilles soyeuses et aux sangles ornementées de broderies devenues rougeâtres sous le soleil et la pluie, on gravit encore un peu la route, jusqu'à l'éminence où, à droite du chemin, il y a une croix de pierre entre quatre piliers : arrivé là, on se retourne et en regardant Avila, on a une des plus admirables vues de ville qui se puisse imaginer.

Une ville est si bien une œuvre d'art, artificielle et pétrie par l'homme, façonnée par lui pendant les siècles, que la seule part de nature est de faire rouler

ses nuages au-dessus des campaniles, de dorer la grande
place de soleil ou, la nuit, de colorer les rues en bleu
avec des rayons de lune. Devant ces murs et leurs tours,
devant les pignons et les clochers, on pense à l'art à la
fois maigre et robuste du moyen âge, on revoit les miniatures des anciens manuscrits qui représentent des vues de
villes où, d'un trait si simple et juste, les remparts sont
représentés suivant les sinuosités du sol, encerclant la
ville de leur protection de pierre. Avila est semblable à
ce qu'elle était avant sainte Thérèse. La cité n'a pas
changé d'aspect, la butte qui lui sert de soubassement
l'érige toujours et la présente. Une ville ceinte de ses
murs ne peut varier qu'en ses détails. Ses remparts ne la
protègent pas seulement d'un ennemi possible, ils lui
gardent aussi son caractère de cité précieuse que l'on
aime au point de la défendre, de l'empêcher de se con-
fondre avec ses faubourgs. La monotonie même de sa
longue muraille, çà et là rompue de portes, dont la
pierre en clé de voûte est sculptée à gros bossage, montrant à ceux qui entrent les armes de Castille, suffit à
lui donner un style. Une Vierge est sous la voûte qui,
de sa niche, protège au passager : la lanterne, allumée
chaque soir près d'elle, indique le chemin, faisant aussi à
la madone les hommages de sa lueur vacillante. Une
ville qui n'a pas de portes n'est pas une ville.

La route où on s'est arrêté pour voir la vieille
cité n'est qu'un chemin qui se perd dans la campagne.
Si c'est jour de marché, on voit, venant de loin, passer
devant la croix de pierre, les paysans blancs et noirs,

graves, assis sur la croupe de leur âne, leurs pieds frôlant le sol. Certains ont les cuisses revêtues d'une gaine'de cuir, sorte de caparaçon qui leur donne l'aspect étrange de gens portant des pièces d'armure qui ne leur pro-tégeraient que les jambes. Ils vont vers la ville ou en reviennent.

Du tertre sur lequel on est assis, il semble qu'on regarde les images vivantes d'un livre qui serait la réalité. On a le sentiment que l'on est un passant venu de très loin, et on ne saurait dire exactement si ce qui se déroule devant soi est un spectacle de paix ou de guerre. Ces gens qui vont vers la ville ont sans doute l'intention de la prendre, de la mettre à sac ; malheur aux victuailles des bourgeois, aux filles attardées. Ainsi que dans les tableaux qui représentent des villes prises, on verra bientôt une colonne de fumée qui monte et des prisonniers qui passent, honteux de la ville violée qu'ils n'ont pas su défendre. Dans cette grande campagne sans vraie route, il n'y a pas de voitures, ces gens passent silencieux ; le petit sabot d'un âne qui bute contre une pierre rend le bruit de l'effort contre l'obstacle, petit bruit sec et connu des pays de pierres et des ânes chargés. On ne demande pas la musique guerrière qui pourrait compléter le tableau: les sonneurs de clairon sont fatigués, ils boivent sans doute dans leurs mains ou dans leur casque en passant le ruisseau, un peu au-dessous de la posada où sèchent les oignons roses, avant d'entrer en ville et de passer sous la porte sculptée aux armes de Castille. Ou bien, c'est là une sorte de débandade, ou

encore des partisans qui vont vers la ville assignée comme
lieu de ralliement, qui, sur le dernier, fermera ses poternes,
attendant le premier boulet de pierre qui ricochera sur
ses murs.

Moment d'hallucination qui est fait de choses entrevues
et imprécises, fièvre du voyageur, qui ressent avec vio-
lence la commotion de ce qui l'entoure s'ajoutant à ce
qu'il a déjà vu. Ce pays est fort, son langage est rude.
C'est cette ville qui suggère ces choses qui se pressent en
désordre dans l'esprit. Elle se présente avec une éloquence âpre et puissante qui se dégage de toutes ses
pierres, avec sa cathédrale massive et hautaine, dont
l'abside enserrée dans les remparts peut supporter
l'assaut des troupes et le repousser, comme elle peut
repousser l'assaut des forces malignes des esprits mauvais.
C'est un pays d'impressions violentes, d'êtres passionnés et inquiets, qui n'ont jamais connu la douceur des
beaux jours, près d'une mer apaisante, sous une brise
tiède sur les herbes parfumées de la montagne voisine.
Cette cathédrale ne renferme la paix ni dans ses pierres
ni dans la voix de ses cloches ; elle contient la mysticité
de sa sainte, comme la ville en ses murailles enferme
ses souvenirs de cité antique, sa beauté historique, sa
beauté d'art, la fierté de ses citoyens et leur confiance
dans la solidité de ses murs. Ce n'est pas une ville
riante avec une ceinture d'arbres, voisine d'un canal aux
bateaux chargés ; c'est une cité grave d'un pays de
pierres, habituée aux sièges tenaces et aux rudes assauts,
ainsi qu'aux disputes passionnées des controverses reli-

gieuses. Encerclée de ses murs, elle se présente sur la
croupe de sa colline, grise devant un ciel sombre, comme
dans les portraits du Greco apparait sur le fond noir une
tête sur une collerette.

A quelques pas, si l'on s'écarte du monticule où se
dresse la croix de pierre, et où enfant, déjà jolie et
sérieuse, Thérèse d'Avila, patronne et protectrice de
l'Espagne, a peut-être cueilli quelque fleur avant d'être
la rigide emmurée du Carmel, dans une ravine où
viennent finir les bêtes mortes, il y a des carcasses
dépouillées de leur chair par les oiseaux ou les chiens
sans maîtres. Dévorées par le soleil autant que par les
bêtes vivantes, certaines de ces charognes gardent leur
forme de squelette non encore écroulé, les côtes tenant
aux vertèbres, formant les arceaux qui rendent la bête
morte semblable à une barque détruite qui, sur une
grève, continue à pourrir.

Autour, rôdent les chiens jaunes à museau noir des
tableaux de Velazquez. On les retrouve, on les recon-
naît : ces chiens couchent près des jambes des infants
chasseurs. Vivants, ils errent dans la ravine, le nez
au vent, flairant les charognes avant d'en approcher.

Le talent d'animalier de Velazquez est admirable. Si
un affreux malheur détruisait le portrait équestre de
Philippe IV, et qu'il n'en restât que les deux jambes
d'avant du cheval cabré, cela suffirait à prouver la
maîtrise du peintre et la perte irréparable que la
disparition du tableau imposerait à l'humanité.

Le cheval du comte-duc d'Olivarès est un courtaut

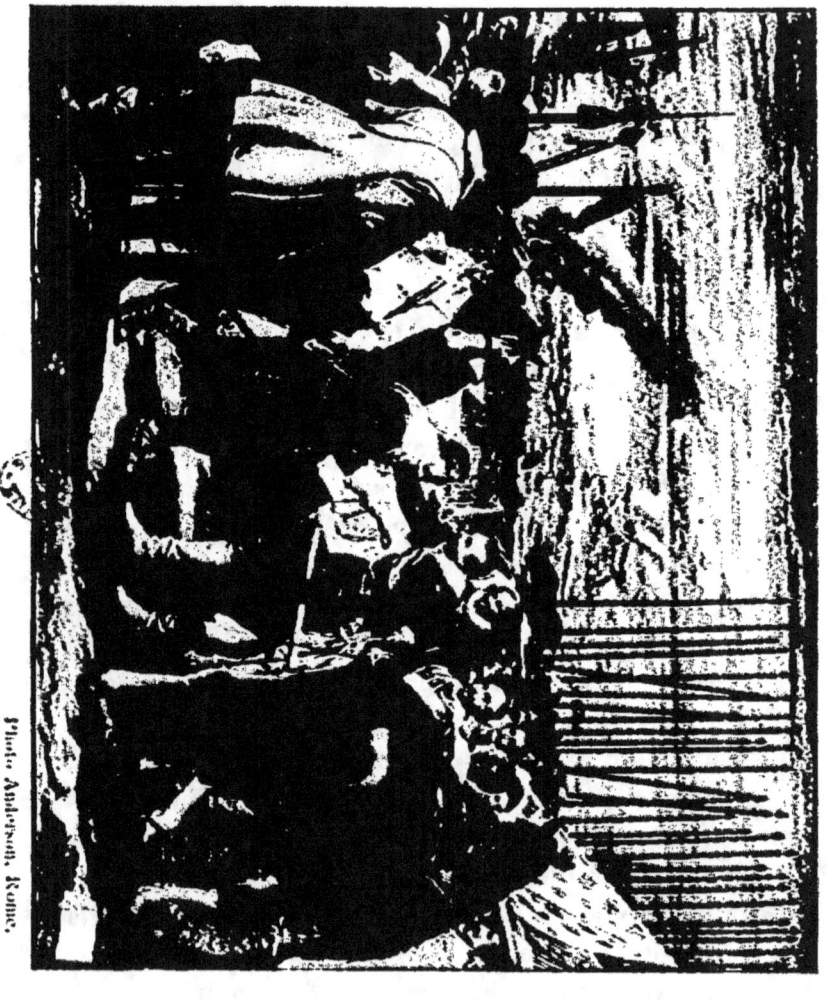

LA REDDITION DE BREDA
(Musée du Prado.)

Photo Anderson, Rome.

PL. XX.

bai brun, magnifique, plus cabré encore que celui du roi,
sa queue l'attachant au sol, les naseaux dans la bataille
peinte au fond. Sur ses reins puissants le cavalier en selle
un peu sur les épaules, fait sentir sa pesanteur à la
bête robuste : parvenu, il devait faire ainsi sentir au
peuple sa puissance de favori.

Le cheval d'Isabelle de Bourbon avait été peint noir par
Gonzalez ; Velazquez le voulut du blanc de fleur qu'il a conservé. Mais après deux cent quarante ans, la peinture noire
de Gonzalez a reparu dans certaines parties, si bien que le
cheval a presque deux têtes et trois jambes ; leçon précieuse
pour les peintres, leçon qui démontre par l'évidence qu'il
ne faut pas emprisonner de l'obscur sous du clair.

Le cheval de l'infant Balthasar Carlos n'est sans doute
pas le plus beau des chevaux de Velazquez, mais il est le
plus typique de cette race, et aussi de la façon de
représenter les chevaux à cette époque. Jean de Bologne
et van der Meulen furent pour leur temps des animaliers
remarquables ; le premier sculpta le Philippe II de la
Plaza Mayor, le second peignit les campagnes de Flandre
et les chevaux ronds et moutonniers attelés aux carosses,
quand la reine entrait à Arras ou que le roi et sa suite
entraient à Dunkerque. Toutes les représentations équestres du XVIIᵉ siècle montrent des chevaux de cette race,
maintenant très rare ou disparue.

Le roi de France et le roi d'Espagne devaient monter
des bêtes de cette sorte, tranquilles, habituées à l'amble,
enrubannées pour la parade, vêtus parfois de la vilaine
robe des chevaux pies.

Le cheval du petit infant est rond et ballonné; on dirait
d'un tonneau; il a le nez d'un mouton; il se cabre selon la
formule habituelle, ainsi qu'aurait pu le représenter un
sculpteur dans une statue immobile. Il est très loin du
cheval de profil si simple de Philippe IV. Velazquez
avait maintes fois vu le roi à cheval, beau cavalier,
très à l'aise : il n'avait qu'à le copier. Le modèle étant
la perfection, il ne pouvait y ajouter que ce que sa maîtrise y mettait malgré lui. Il n'avait jamais dû voir l'infant chétif au contraire que maintenu par des lisières
aux mains d'une gouvernante. La nature se venge quand
on ne l'imite pas ; le secret, c'est de mettre dans l'imitation la marque du génie qui interprète et même déforme s'il est nécessaire, afin de donner le coup d'aile qui
transfigure et qui ajoute.

.

L'œuvre de Velazquez est d'une variété sans seconde.
Le peintre, qui a si admirablement compris l'harmonie
des hommes, des chevaux et des chiens, qui en a tiré
toute la noblesse, a pu avec la même maîtrise peindre
des nains, des difformes, des homoncules misérables,
scories de la pauvre humanité que la malice des contrastes
fait installer à côté des reines épanouies, et des prin-
cesses graciles. Dans les *Menines*, près de l'infante si
blonde, on voit une bête monstrueuse, hydrocéphale
enjuponnée, pauvre être à face inerte, pustule humaine
à côté de cette fleur. C'est la chenille qui grimpe au

rosier, qui touche presque la rose et va l'atteindre. La peinture est moins pénible et moins choquante que dans la réalité devait être pénible et choquant le côtoiement de cette larve et de la fraîche enfant.

Quelle bizarrerie ou quelle sagesse voulait cette opposition qui offense nos yeux et que notre esprit ne peut admettre qu'avec effort ? Quel orgueil aussi de mettre ainsi de la misère à côté de sa force, ou quelle humilité de se ravaler soi-même, en attirant vers sa puissance ce que l'humanité a de plus repoussant! Les deux sentiments se servent du même jouet. Réprouver est si facile, qu'il vaut mieux essayer de comprendre ce qui a été : ces malheureux ont en somme servi à réaliser de belles œuvres. Les tableaux de bouffons de Velazquez sont ce que seraient des natures mortes de Chardin, si celui-ci n'avait pas pour les peindre choisi les plus beaux fruits. Il ne lui est pas venu à l'idée de s'arrêter devant la fleur qui penche et se fane, devant le fruit gâté qui commence à pourrir. Chardin a de l'équilibre, Velazquez en a moins ; c'est d'ailleurs par cela autant que par sa technique qu'il est proche de nous ; il est le peintre du fruit gâté qu'est cette Espagne pourrissante, dont le roi malade se meurt tristement au milieu d'une cour de fantoches, soumise à une étiquette ridicule ou barbare. Tout ce qu'il y a de morbide en Goya est déjà en germe dans Velazquez.

Ce beau maître qui nous occupe a pu, lui, se contenter des plus laids fruits de l'humanité ; il les a vus sous leur jour le plus triste, à la cour d'un roi encore

puissant, pauvres larves traînant leur déchéance. Rien
n'est plus déconcertant. Ces monstres qu'il faudrait cacher, qu'il faudrait même détruire, qu'en tous cas il
n'aurait pas fallu peindre, et dont les visages se détournent avec horreur, le maître va leur donner la forme
d'éternité que donnent de beaux portraits; il va trans-
poser ces laideurs, les faire regardables, les faire admirables ! Il est le creuset où tout se fond; l'artiste à ce
degré fait de la beauté avec n'importe quoi. Il n'y a pas
de déchets pour lui. Comme la mer à qui les fleuves
amènent toutes les impuretés et qui, toujours pure, les
change en coquillages roses, le beau peintre, par la magie
de son art, fait de la vie avec ce qui est frappé de mort
et peint une de ses plus belles fleurs, rose et noire, avec
le bouffon appelé don Juan d'Autriche.

Les fruits des tableaux de Chardin ne pensent à
rien, les homoncules de Velazquez souffrent et font
réfléchir au contraire. Ces visages de dégénérés ont l'infinie tristesse de ce qui est avorté et n'a pas eu la chance
de mourir. Il faut vivre sa vie de contrefait, sa vie de
bouffon, de fou préposé aux impertinences. Dans ce milieu
d'élégances et de rudesses, les rois n'étaient pas choqués
de côtoyer ces infirmes, le peintre n'était pas blessé par
leur vue; son sens de la beauté ne souffrait pas de leur
difformité ; ses pinceaux étaient aussi heureux de les
reproduire que s'il avait été chargé de rendre l'image du
plus élégant de ses modèles.

Quels abîmes séparent l'Hermès grec d'un nain de cour
dont la pauvre tête a forme de calebasse, dont les yeux

sont éteints, la bouche baveuse. Pourtant les Grecs n'étaient pas peintres, tandis que les homoncules contrefaits sont pour Velazquez matière à de la belle peinture. Cela tient peut-être à ceci : ce qui dépasse à ce point la mesure ne peut plus être laid. L'étrange qu'était cette promiscuité des rois et de leurs bouffons, faisait de ces nains et de ces difformes des êtres différents, supérieurs à leur corps grossier. Il y a une mesure pour les choses de l'esprit. Ce qui est bas, immoral et vulgaire, est inesthétique et laid. La vraie laideur est sans doute celle de l'âme ; à celle-là il doit y avoir peu de remèdes ; Velazquez, au contraire, par la représentation de ses difformes, nous prouve qu'un peintre de génie sait remédier à la laideur des corps contrefaits. Certaines productions d'un prétendu art fade et joli sont irrémédiablement laides ; les difformes de Velazquez ne le sont pas : le génie d'un maître les sauve.

Le nain *El Primo* a une tête intelligente et grave : il feuillette de ses petites mains d'infirme un livre aussi grand que lui, qui ne semble placé dans le tableau que pour donner la mesure de l'avorton dont le visage expressif et fin indique qu'il devait ressentir sa misère.

Le nain *Don Antonio el Ingles* a près de lui un chien blanc et noir de grande beauté. Une main sur le collier semble tenir la bête qui l'emporterait d'un bond, l'autre main tient et laisse pendre un chapeau dont la plume touche le sol. Entre le molosse et le chapeau, l'homoncule est encore plus petit, comme *El Primo* à côté de son grand livre. Sa tête, déjà vieillotte, accuse la cinquantaine, et donne l'impression pénible de l'âge venu dans un corps rabougri. Il a de riches habits, une épée. On faisait cas de sa chétive personne : il avait, paraît-il, un gouverneur qui lui était spécialement attaché.

Le nain *Don Sebastian de Morra* est à mon sens très beau ; c'est le chef-d'œuvre de ces horreurs. La laideur de sa personne est reproduite avec tant d'art que, de ces monstres, c'est celui dont on ne chasse pas le souvenir. On souhaite ne se rappeler aucun autre, pas plus qu'on ne voudrait se rappeler les chevaux qui déroulent leurs entrailles mêlées à leurs sabots sous la lumière du cirque, au bruit d'une musique offensante.

Sebastian de Morra semble une marionnette assise par terre, les deux pieds visibles par les semelles, les deux petits poings sur les cuisses. La tête, sinistre, est bonne, elle est aussi pitoyable ; les yeux noirs, enfoncés sous le front bas, sont tristes et ne font pas peur. On sent que par pitié on ne se serait pas détourné avec trop d'horreur, pour ne pas faire trop de peine à l'avorton, et qu'en un jour de bonté, on se serait approché pour lui parler, essayant de trouver le mot compatissant qui panse les blessures. Mais pour vous punir d'une charité inutile qui ne fait que lui mieux rappeler sa misère, subitement redressé par la ficelle qui fait mouvoir les marionnettes, Sébastian de Morra jette l'épouvante autour de lui, faisant fuir les gens dans les corridors, et se cacher les enfants dans les jupes des nourrices.

L'enfant de Vallecas, dont la tête sans ossements semble avoir été bouillie, et *l'idiot de Coria*, au sourire

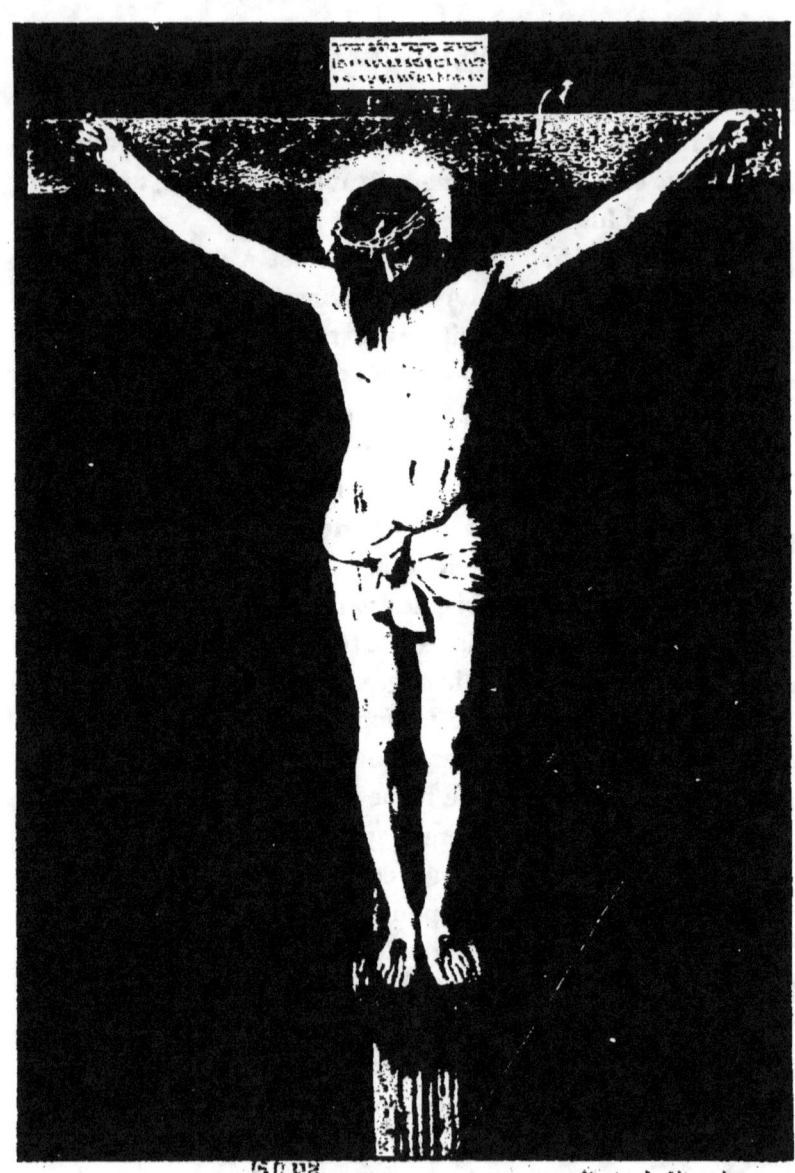

Photo A. Giraudon.

CHRIST EN CROIX

(Musée du Prado.)

navrant, sont de ces épaves qu'il est presque héroïque
d'avoir peint, quand passaient les filles qui allaient aux
fontaines, quand il y avait de beaux bergers sur la montagne et quand le soir, dans quelque coin de Madrid, des
gitanes faisaient claquer sec leurs doigts maigres au bout
de leurs bras brunis, en tapant des talons pour commencer la danse.

Une des plus belles fleurs roses et noires de Velazquez
est le portrait du bouffon nommé *Don Juan d'Autriche*.
C'est un bouffon, ce n'est plus un difforme. A ses pieds sont
un fragment d'armure, des boulets de petit canon, et dans
le fond du tableau, on voit un vaisseau en flammes qui
sans doute est turc, et n'est là que pour rappeler la bataille de Lepante où commandait et fut victorieux don
Juan d'Autriche, fils naturel de Charles-Quint, prince
bâtard dont les courtisans avaient pris le nom pour le
donner à un bouffon.

Singularité de l'époque encore qu'un des fous du roi
soit affublé d'un nom glorieux, comme, au moyen âge, il
aurait pu être affublé de vêtements mi-parties et d'une
marotte pour accompagner ses discours de diseur de
vérités que personne autre que lui n'aurait osé dire.
Les bâtards portaient ce nom, cela était d'usage : un
fils de Philippe IV et d'une comédienne, la Calderona, fut
également nommé don Juan d'Autriche. Mais il ne fut
celui-là qu'un pauvre être effacé qu'on n'entrevoyait
qu'aux heures troubles et à qui il était défendu de rentrer
dans Madrid.

Un autre beau portrait de bouffon est celui de *Pablillos*

de Valladolid, jambes écartées, déclamatoire autant que cela est possible à Velazquez qui a le sens de la simplicité et de la noblesse calme. Ces deux derniers portraits n'ont plus rien des nains repoussants. Ce sont seulement des fous, des bouffons qui devaient d'autant mieux mépriser les gens de cour, que leur libre esprit faisait opposition au silence courbé de courtisans. L'esprit de ces bouffons leur était une arme, une défense ; ils n'étaient pas, ainsi que les nains, la suprême injure à toute charité qui voulait le difforme auprès du beau seigneur qui portait bien l'armure.

CHAPITRE IV

LES COMPOSITIONS

Les Lances. — Les Fileuses. — Les Menines.

Dans une des premières compositions de Velazquez, le *Christ chez Marthe*, de la National Gallery de Londres, on voit à l'avant-plan une servante pilant au mortier quelqu'épice afin de préparer des poissons ; c'est Marthe, occupée aux soins de la maison et, par une porte ouverte, on aperçoit, dans la chambre voisine, Jésus enseignant à Marie attentive, qui écoute à ses pieds sa parole de prophète. Une vieille femme est derrière Marthe, une autre vieille est derrière Marie.

Cette manière de composer est particulière à Velazquez ; il aime les petits sujets lointains représentés à l'arrière-plan d'un tableau, au moyen d'une porte ouverte ou d'un miroir qui reflète les personnages dont il a besoin. Dans les *Menines*, il peint à la fois une porte au travers de laquelle on voit un seigneur sur la première marche d'un escalier et un miroir accroché au mur qui reflète le roi et la reine dont il peint la fille.

Il aime le centre des compositions peu chargées, parfois vides comme dans les *Fileuses*, comme dans les *Lances* où la campagne se déploie en plan cavalier au-dessus des deux personnages principaux, pendant que, de chaque côté, équilibrant le tableau, il y a une belle surcharge de figures.

Au jour qu'il crut propice, on imagine très bien de quelle façon dégagée le roi s'adressa au général chargé de la conduite de ses armées : « Spinola, emparez-vous de Breda ! » Alors le condottiere italien à la solde d'Espagne obéit à Philippe IV et lui donna la ville. Ce fut le seul fait d'arme un peu mémorable du règne désastreux de Philippe, et il est probable qu'il n'en serait même pas question si Velazquez ne l'avait immortalisé, si bien que ce qui jette le plus de vraie gloire sur le règne, ce n'est pas tant la ville prise que le tableau qui commémore la victoire.

Quand Justin de Nassau, le Hollandais massif qui défendait la ville, en eut rendu les clefs à Spinola, élégant et fin, c'est un peu comme s'il les avait remises à Velazquez lui-même qui, à son tour, les aurait tendues au roi, en lui disant : « Tenez, sire, voici les clefs, votre condottiere a pris la ville, mais c'est moi qui vous la donne. » Sans le peintre, il n'y aurait que les historiens qui sauraient que Philippe IV avant de perdre la Hollande en prit une ville. L'œuvre d'art est ici bien plus retentissante que le fait historique. C'est que les gens de génie, quand ils sont aussi des gens de métier, ont le beau privilège, comme dit Chateaubriand, de distribuer la gloire. Rien presque n'existerait sans eux : la postérité enregistre surtout ce que les poètes ou les artistes ont proclamé. C'est leur œuvre qui subsiste.

Pl. XXII.

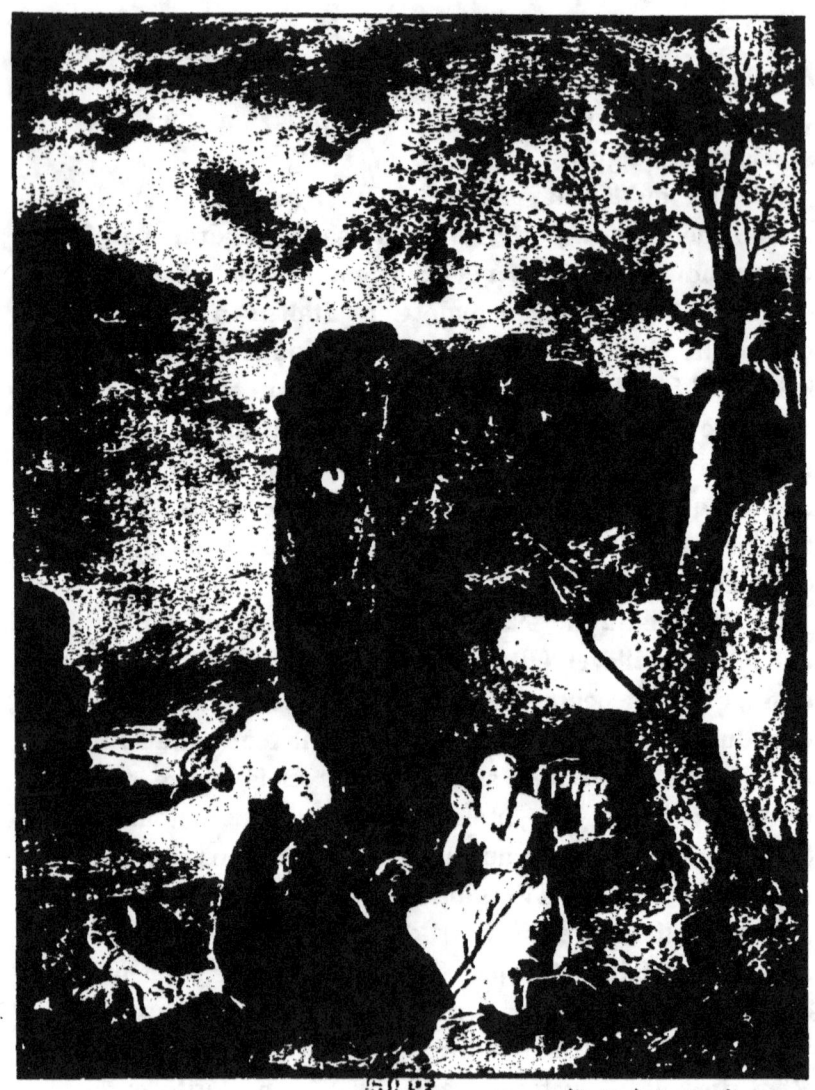

SAINT ANTOINE VISITANT SAINT PAUL

(Musée du Prado.)

Saurait-on comment s'appelait le médecin qui opère dans la *Leçon d'anatomie*, si la *Leçon d'anatomie* n'était pas de Rembrandt ? Sait-on bien au juste ce qu'a pu faire le Colléone ? Si ce fut vraiment un capitaine ou seulement un chef heureux ? A quelles batailles fit-il Venise victorieuse, les gonfalons de l'orgueilleuse bannière claquant, grâce à lui, dans un vent de victoire, et le lion de Saint-Marc, montrant son évangile à une ville asservie ? On ne le saurait dire sans recherches. Mais on sait qu'en une œuvre hautaine Verrochio l'a dressé, équestre et triomphant, au centre d'un carrefour, près d'un quai de marbre où abordent les gondoles pareilles à des cygnes noirs qui effleurent l'eau. Le souvenir de ses actions ne revit que par le bronze de sa statue ; son immortalité, c'est le sculpteur qui la lui donne.

Heureux le souverain qui, comme Philippe IV, a un grand artiste à sa solde ! Il devient aussi éternel que les œuvres qui proclament sa gloire. Le pauvre roi n'a pu bâtir ; il n'est grand que par son peintre. Un monarque est bien plus glorieux par l'art qu'il représente que par les conquêtes qu'il fait. Donner son nom à un style, c'est la vraie immortalité.

La Reddition de Breda est la plus importante et la plus belle des compositions de Velazquez ; c'est aussi et entre toutes, celle qui se peut lire le plus aisément. Sauf le nom de la ville dont on remet les clefs, il est impossible de ne pas être frappé de la clarté avec laquelle le sujet est exprimé, et combien est condescendant ce vainqueur qui reçoit du vaincu les clefs d'une ville qu'il a fallu rendre.

Ce serait une merveille de composition claire et simple,
si ce n'était avant tout une merveille de peinture; Velazquez atteint là son sommet.

Spinola a derrière lui son état-major, son cheval dont il
est descendu comme pour se mettre un moment au niveau
du chef malheureux ; son étendard occupe une partie du
tableau, y déploie ses couleurs triomphantes, qui méri-
taient de vaincre. Il a sa belle écharpe, une collerette
fine sur l'armure imbriquée et le chapeau à plumes, tout
l'attirail charmant des guerres élégantes. Il est vainqueur aimable autant que politique avisé. On conte
qu'un jour, Henri IV qui l'interrogeait, était persuadé
que cet Italien allait lui répondre tout le contraire de
la vérité. Mais Spinola devina l'idée du roi rien qu'à
lire dans ses yeux et répondit par la simple vérité.
Henri IV agit naturellement dans le sens opposé à celui
que lui avait indiqué le condottiere; si bien que plus tard,
ayant reconnu son erreur, il disait : « Cet Italien m'a
trompé en me disant ce qui était véritable. » Pour une
fois, le roi très fin avait trouvé plus fin que lui en ce
chef d'armée qui était du pays de Machiavel.

Il en est de ce tableau des *Lances* comme du portrait
équestre de Philippe IV dont nous avons parlé plus
haut. Si par malheur, un jour, il était détruit et qu'il ne
restait que les jambes de Spinola, les bottes grises, le
pied fin, l'éperon d'argent, cela suffirait pour nous révéler une œuvre comparable aux plus belles, et dont les
débris seuls feraient à tout jamais regretter les parties
détruites.

**
*

Avec les *Fileuses*, nous retrouvons une fleur séchée
aussi adorable que Marianne d'Autriche. Dans ce tableau
on rencontre la lumière la plus transparente qui ait
jamais caressé les plus riches et aussi les plus assour-
dies des couleurs. C'est une prise de possession de la
clarté. Si c'est une qualité dominante qui rend une œuvre
dominatrice, ici, c'est la lumière qui enveloppe de sa
volupté. Le cœur et l'esprit se chauffent doucement à
ce tableau. On est pénétré, ému, un peu engourdi par
le limpide rayonnement de tant de clarté douce qui
émane d'une œuvre humaine. Devant les autres
tableaux de Velazquez on peut se sentir amoindri,
devant celui-là on est heureux. La lumière en est
d'un tel épanouissement que c'est une forme du
bonheur que de la connaître. Si Velazquez est poète, il
l'est en ce tableau ; le clair-obscur, la couleur et la
clarté des demi-teintes sont ses moyens de prendre les
gens, de les maintenir devant ces *Fileuses* qu'on ne quitte
qu'à regret, et vers lesquelles il faudra malgré soi revenir.

Exception dans son œuvre, Velazquez, cette fois, fit un
tableau uniquement composé de femmes. Il se trouve que
c'est le plus rayonnant, celui où la lumière est partout,
pénètre partout, dans toutes les ombres, ce qui est la
vraie lumière, car la clarté d'un tableau se juge aux
reflets et aux transparences de ses ombres. Ce sont ses
ombres qui révèlent la clarté, qui sont lumineuses ou

fermées au rayonnement qui les entoure. Ce tableau des *Fileuses* est le plus coloré, le plus lumineux de toute l'école. Il est le seul lumineux et coloré. Dans les autres, les ombres ne sont que de l'obscur opposé à du clair, elles donnent le relief et le modelé, mais sans le lien indéfinissable que les grands coloristes seuls ont su mettre.

Le blanc et le noir, qui sont vraiment les couleurs d'Espagne, ne sont pas des couleurs en réalité, et ne peuvent le devenir que selon le peintre qui en joue. Le blanc est l'extrême lumière jusqu'à sa décoloration, le noir l'extrême ombre également jusqu'à ce qu'elle soit incolore. Les tableaux de Ribera dont les blancs et les noirs s'exaltent par leur contraste, représentent le mieux le clair et l'obscur dans l'école espagnole.

La production humaine en art est dictée par la nature. C'est elle qui veut que dans les pays méridionaux il y ait peu de couleur, que tout n'y soit que lumière et ombre. Les paysans des environs d'Avila qui, sur leurs ânes, passent sous l'ombre des portes de la ville pour ensuite reparaître dans la clarté des routes, sont des apparitions de blanc et de noir. Leurs bras sont blancs, les manches de leur chemise aussi, de même leur poitrine où le linge éclate ; le reste de l'homme est sombre, l'âne est gris et tout devient gris, melons et raisins, sous l'éclat de la lumière qui décolore. L'Espagne plus encore que tout autre pays méditerranéen, est sans couleur. On le voit bien dans les anciens tableaux, surtout les anciens portraits où les visages et les collerettes trouent les fonds noirs, où, sur les vêtements sombres, se silhouettent

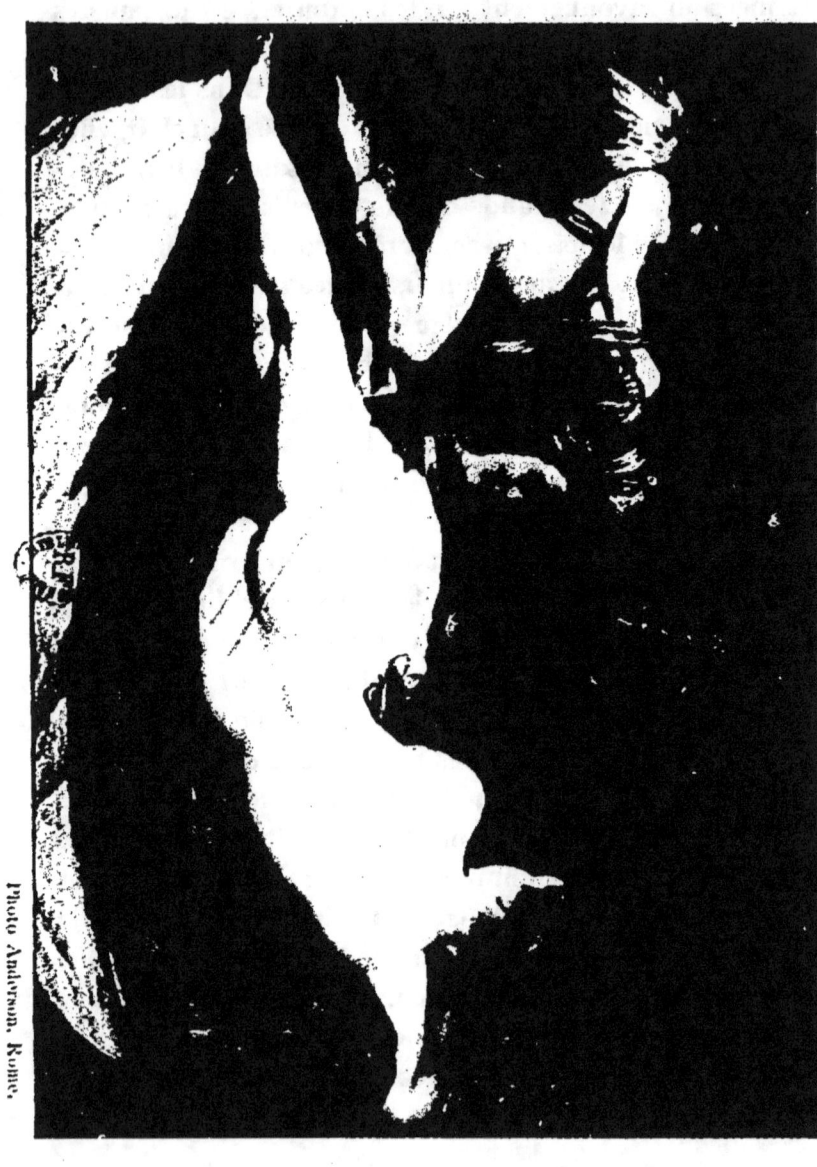

LA VÉNUS AU MIROIR
(National Gallery, Londres.)

Photo Anderson, Rome.

Pl. XXIII.

les mains avec leurs bagues ou un rosaire enroulé au poignet.

Il faut remarquer que les ombres ne sont vraiment transparentes que dans les pays du Nord. Dans le Midi, elles tranchent sur l'éclat du sol.

Ces vieux portraits espagnols sont bien tels que la lumière du pays veut qu'ils soient. Pourtant ils ont une parenté visible avec les portraits hollandais de même époque, dont le fond est également sombre, et où la tête, la collerette et les mains se découpent en clair. Misère des comparaisons, tout à la fois justes et fausses! La lumière ne vaut que selon le peintre: Rembrandt est venu dévoiler tout ce que dissimulait la clarté humide du Nord, tout ce qu'elle pouvait nous révéler de passion contenue.

Greco, plus encore que Velazquez, aura donné cette impression de la lumière qui frappe sans rayonner. Dans les *Fileuses*, elle rayonne parce qu'elle est partout; dans le Greco, elle n'est que sur ce qu'il veut éclairer. Certains des personnages de Velazquez, sont souvent des silhouettes obscures qui se détachent sur un fond indéfinissable, qui n'est ni loin ni près. Quand, derrière ses portraits équestres il veut un paysage, il en subordonne la réalité à ses besoins de peintre, à ce qu'il veut, non à ce que la nature lui montre et lui imposerait s'il n'était le plus fort, le chef qui commande, qui sait ce qu'il doit prendre parmi ce qui lui est offert.

Au demeurant, on ne saurait soutenir que Velazquez soit parmi les grands coloristes : Rembrandt, Delacroix, Watteau. Il n'est pas de cette famille. Il est coloriste, sans

doute, sa palette est sonore et sobre, elle va d'un beau
rouge à tous les diminutifs du pourpre, c'est-à-dire à tous
les roses qu'il sait accompagner d'un noir qui, en sourdine,
les laisse chanter doucement. C'est là tout son orchestre,
il est suffisant pour dire ce que ses yeux lui imposaient de
dire. Il est, si l'on veut, coloriste comme le fut Titien, sans
toutefois la volupté de la lumière épandue sur les beaux
corps nus; c'est un Espagnol non exempt de la gravité rude
du pays sans charme. C'est avant tout l'attitude et la
forme qui le frappent, la forme qui s'exprime par le trait,
par le clair et par l'obscur. La couleur ne lui est un
don que par surcroît, ce n'est pas le don premier qui
dirigera sa vision et mènera toute sa vie de peintre.
Il est à l'opposé des grands coloristes septentrio-
naux pour qui tout est couleur et qui ne veulent la forme
qu'en dernier, quand elle leur apparaît enfin dégagée des
brumes enveloppantes dont ils l'entourent. L'Italien ou
l'Espagnol voient le trait dès le début de leur œuvre et
s'y emprisonnent.

Le coloriste a une autre vision. Pour lui, tout est
reflet, clarté ou ombre, à des degrés différents. Les
choses représentées passent les unes dans les autres,
se caressent au passage, ne sont jamais étrangères;
tout dans l'œuvre apporte son tribut à l'ensemble.
Si le tableau d'un coloriste était détruit, que l'on en
pût sauver un morceau, à moins d'être très grand,
ce morceau ne dirait rien; séparé de l'ensemble une
partie de son œuvre ne peut vivre par elle-même. Le
coloriste n'agencera pas des lignes heureuses, ne balancera

pas des attitudes, mais il harmonisera des taches, de belles taches de volumes différents, qui s'équilibreront bien, faisant de l'ensemble une harmonie dont on ne peut rien distraire. Et ces taches, peu à peu, se préciseront en formes qui pourront être divines. Le tableau du coloriste sera peu coloré des tons crus de la palette; la couleur, cependant, y sera partout, imprécise et présente; dans toutes les ombres, dans tous les reflets, la lumière plus grise sera vraiment harmonisée à son ombre, à son reflet. Tout sera dans les justes rapports du blanc et du noir, et, ô miracle! il pourra même ne pas y avoir de couleur du tout, il suffira de faire avec de l'encre d'imprimerie de grands pans d'ombre, des demi-teintes mystérieuses dans lesquelles se devineront des êtres et des formes, des idées et des songes; et cela deviendra la *Pièce aux cent florins*, chef-d'œuvre de la beauté spéciale aux artistes du Nord, à ceux qui, comme Türner, n'entreverront jamais les choses qu'au travers des brumes colorées de leur pays. Tout opposée est la vision de l'artiste méridional qui ne voit et qui n'a jamais vu que par des lignes, mais qui a vu si parfaitement de cette manière, qu'incomparable dans la compréhension des formes, il a pu être l'architecte grec qui a créé les lignes d'un temple ou le sculpteur qui a imaginé le dieu qui pouvait l'habiter.

Les murailles d'Avila pareilles à des raisins mûrs mordorés par la brûlure de tant d'étés, semblent encore chaudes. Il y a un feu intérieur sous ces pierres, le passionnant amour de la cité est scellé en elles; il court des subs-

tructions aux créneaux comme du sang dans les artères.
Ces pierres crient le défi, et, si on mettait sa main sur
ces murs calcinés, peut-être sentirait-on leur chaleur qui
sommeille ! Le tableau des *Fileuses* a, lui, de la lumière
dans tous ses coups de pinceau. Ces femmes tissent de l'or
blond dans de l'ambre rose. On sent que dans les cours, il y
a l'aveuglante clarté des pays de rocailles, quand, dans la
campagne, sous le grand silence de feu, on entend craquer
les cosses noires des genêts qui éclatent sous le soleil tor-
ride. Sans doute, ces femmes viennent de reprendre leur
travail après la sieste imposée par le long été ; le rouet,
la quenouille, les doigts agiles, tout se remet en marche,
comme, au dehors, tout se remet à agir, la vie s'étant pour
une heure arrêtée sous le soleil qui veut régner seul et
qui comme sa sœur la nuit, exige que les yeux soient fer-
més, les mains inertes, la pensée morte.

C'est sans doute par une fin d'après-midi que
Velazquez aura vu cette grande salle pleine de femmes
travaillant des laines colorées et où, dans le fond, est
appendue la haute-lisse apportée de Flandre. Dans la
réalité ce devait être comme une palette à laquelle le
peintre ne pouvait résister, pas plus qu'aux êtres ni à
tout ce qui se baignait dans cette chaude et transparente atmosphère. Tout dans cette lumière devait être
tentation à reproduire pour un esprit qui aimait la réalité
et dont l'interprétation était instinctive, était due à
la perfection d'un métier où il affirmait si impérieusement la domination de sa maîtrise. Depuis le chat qui
dort au ronron des rouets, jusqu'au rayon de soleil qui

Pl. XXIV.

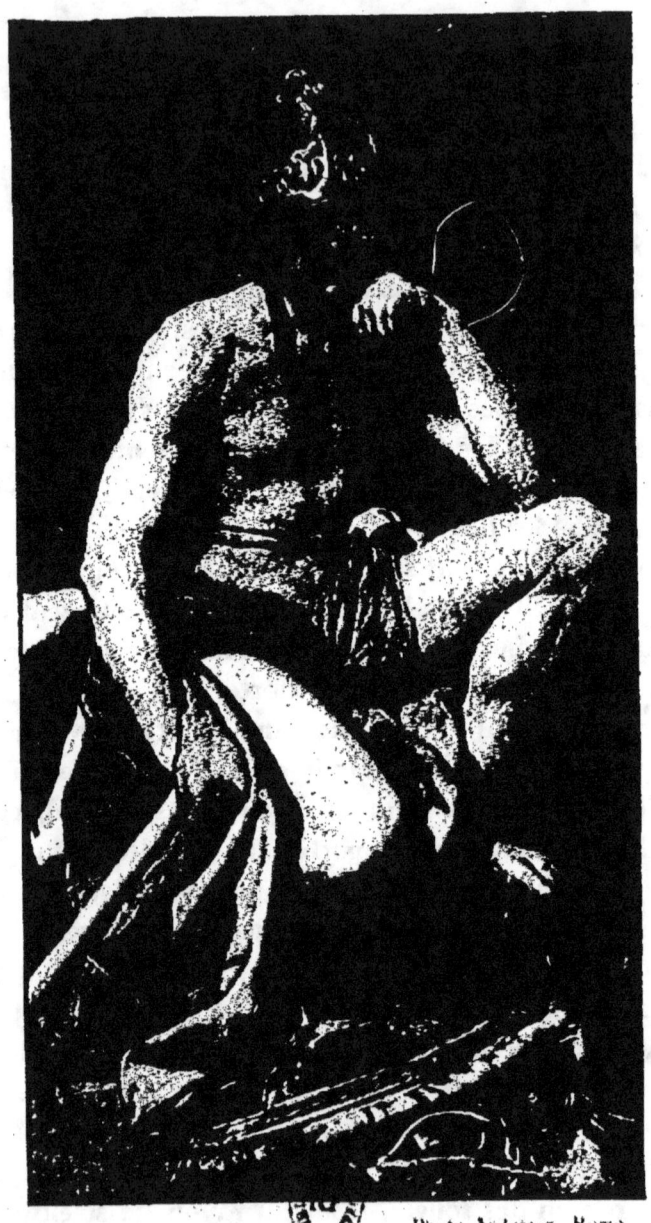

Photo Anderson, Rome.

LE DIEU MARS

(Musée du Prado.)

traverse le tableau, tout est baigné dans la clarté douce des réalités heureuses. Ces femmes sans vertugadins sont une fantaisie du peintre de cour, un repos à une besogne plus noble, à la peinture des beaux modèles qui gardaient bien l'attitude.

Si le tableau des *Fileuses* est un hymne à la lumière, celui des *Ménines* est la symphonie en mineur des teintes au minimum de leur coloration. Le gris vient d'apparaître dans la peinture moderne. Date importante! Velazquez vient de révéler que toute trace d'enluminure peut désormais disparaître des tableaux ; cet effacement des tons, ce recul de la couleur qui lui est si particulier, va devenir une des bases de notre art contemporain. Les peintres qui l'ont précédé n'ont pas connu cette douceur des oppositions qui, cependant, gardent toute leur richesse. Ceux qui l'ont immédiatement suivi ont également ignoré ces ramages du gris dont il donna les premières notes ; en revanche, les modernes, ou plutôt nos contemporains, en vivent. Ils sont si sensibles à ce moyen d'exprimer leur vision par la douceur des gris, que nul n'y échappe et que c'est maintenant que Velazquez a vraiment toute son influence.

Quel plus beau triomphe pour lui que d'être, après tant d'années, considéré comme un des initiateurs de la peinture moderne, comme celui qui, le premier, a révélé qu'on pouvait jouer la plus belle musique avec un

orchestre restreint, sans le gros éclat des cuivres !
Sauf les fresquistes italiens, tout ce qui est antérieur au
xviie siècle conserve un peu d'éclat trop sonore ; il subsiste un reste d'enluminure, qui n'exclut nullement la
beauté artistique, mais montre encore une inspiration
légèrement barbare, un besoin de couleurs voyantes.
Velazquez, sans culture apparente, a donné à la peinture son suprême raffinement dans les modulations du
gris.

Les *Menines* donneraient l'idée d'un bel oiseau
dont le plumage serait de couleur grave, un peu sombre,
un peu triste, comme le plumage d'un oiseau cap-
tif. Les modèles ont le sérieux qui convient aux
responsables ; ils portent le souci de leur temps,
la gravité de leur état : une ombre est sur eux. Ce
tableau est l'image de ce qu'était la cour : un homun-
cule touche du pied un bon gros chien qui est étendu
au premier plan ; une crétine à tête énorme se tient,
hideuse, derrière le chien ; deux menines servent ou
assistent la petite idole, l'infante Marguerite, placée
au centre de la composition, fleur vivante, née du dernier
mariage du roi.

Comme la *Ronde de nuit* de Rembrandt est seule dans
une salle du musée d'Amsterdam, les *Menines* sont seules
au musée du Prado, dans une petite chambre isolée de la
grande salle où sont réunies les œuvres du maître et où
fleurit la gloire de l'Espagne liée à celle de Velazquez.

Dans ce beau musée du Prado, cette salle, réservée au
grand Espagnol, éveille l'idée d'une serre où auraient été

recueillies des fleurs si précieuses et si rares qu'elles ne pouvaient naître qu'une seule fois. Le jardinier qui les a cultivées était un artiste de génie, il a créé pour nous ces images d'où rayonnent de la force et du mystère ; elles y sont toutes, les roses et les noires, les tristes et les hautaines, mélancoliques ainsi qu'il sied à cette Espagne où on ne riait pas, ainsi qu'il sied à la beauté qui est toujours grave, ainsi qu'il sied à ces modèles dont les effigies évoquent tant de souvenirs, marqués du déclin d'eux-mêmes, de leur dynastie ou de leur empire.

Toutes sont sœurs, presque toutes sont là, présentes : quelques-unes seulement connaissent l'exil des musées étrangers, afin de donner au loin l'idée de ce qu'était le maître. Ce n'est qu'à Madrid, que l'on peut en voir une gerbe.

L'Espagne, à ce moment, fut un des pays qui produisirent les plus grands artistes. Velazquez et Rembrandt sont deux pôles; la Hollande et l'Espagne sont deux points du monde où ces deux besogneux enrichissent l'humanité. Je sais bien qu'il y a dans le même temps Rubens et Van Dyck, Claude Gellée et Poussin, mais Velazquez et Rembrandt dominent, leur éclat éteint le rayonnement des autres. Ce XVIIe siècle, si fécond en France pour tout ce qu'on appelle art décoratif, ne produit pas encore les peintres que nous verrons par la suite : en France, on bâtit, on tisse les plus beaux Gobelins, on fait de la sculpture, de l'orfèvrerie, de la littérature incomparable ; la peinture est encore dans le creuset où se fond l'art qui ne naîtra qu'au siècle suivant, avec Watteau.

Ces fleurs sont donc là, depuis les buveurs grossiers et les philosophes à tête de gueux, jusqu'aux *Menines*, ce tableau où l'artiste s'est représenté lui-même, sa palette à la main, la croix de Santiago brodée au pourpoint. Il préside à son œuvre, discret, dissimulé derrière la toile qu'il est en train de peindre, dans la chambre d'où il peut entendre la rumeur admirative des visiteurs, quand ils passent devant *Les Lances*, *Marianne d'Autriche*, *Les Fileuses*, les *Philippe*, les *Infants* ou l'*Olivarès* rodomont.

Le temps, qui détruit, arrange aussi. Jusqu'à nos jours le temps a profité à l'œuvre de Velazquez. Il ne semble pas que ses tableaux aient été jamais plus beaux qu'ils ne sont et puissent jamais être plus beaux. La collaboration du peintre et du temps est pour l'heure parfaite ; ces œuvres semblent achevées d'hier, elles n'ont d'âge et ne datent que par les costumes des gens qu'elles représentent. Le travail du peintre va pourtant vers sa destruction à partir du moment où il vient d'être terminé. Mais avant d'atteindre la maturité qui précède cette lente destruction, le tableau traverse la jolie phase où, invisible, le temps met une patine, un émail doucement doré sous lequel subsiste la fraîcheur première.

Ces œuvres du Prado sont à leur heure de perfection : toute leur saveur du début est encore entière, deux siècles passés ne leur ont rien fait perdre. On voudrait dire au Temps qui, dans le monde de la peinture, est une allégorie : « Arrête, c'est bien, suspens ton vol,

tu as amené l'œuvre à sa perfection en y ajoutant la
tienne, tu ne peux plus que détruire maintenant, arrête-
toi ! » Il faudrait qu'une pitié supérieure intervînt et
détournât la faulx allégorique de certaines œuvres
humaines qui ne peuvent être remplacées. Les tableaux
de Velazquez seraient entre les œuvres des hommes les
premiers à être protégés ; ils sont à l'heure propice où
nous avons le bonheur de les voir dans leur plus grand
état de magnificence. Ils sont le fruit mûr et savoureux
qui fait la gloire de l'arbre avant que l'hiver n'y ajoute
ses rides, ou que les hommes plus méchants n'y mettent
la main qui hâte la mort des choses. On dirait d'une
femme à qui son miroir révélerait que sans être effleurée
par l'aile grise du temps, elle est tout de même enve-
loppée par l'air que déplace le coup d'aile. C'est un tout
premier stigmate : la venue des premiers fils d'argent
qui vont suivre les ondulations de sa chevelure, comme
la petite crête blanche qui chevauche une vague est
prochaine.

CHAPITRE V

TABLEAUX RELIGIEUX
ET MYTHOLOGIQUES

Le Christ en croix. — Saint Antoine visitant saint Paul.
Vénus au miroir.

Comme les fleurs laissent un parfum, la peinture
laisse un souvenir ; les œuvres impressionnent les esprits ;
des légendes se forment facilement sur les tableaux ;
le travail du peintre peut être d'une beauté si particulière qu'il excite l'imagination, la légende naît. En
Italie, où le peuple a besoin de crainte et d'éblouisse-
ment, des tableaux ont fait des miracles, guéri des ma-
lades, continuant leur vie d'idoles bienfaisantes, entourés
d'ex-voto et de lumière.

Une histoire relative aux *Menines* est née: on veut que
le tableau achevé, le roi ait fait observer qu'il y manquait quelque chose ; prenant un pinceau des mains de
Velazquez, il aurait tracé lui-même la croix de Santiago
sur le vêtement du peintre qui s'est représenté à demi
dissimulé derrière sa toile. Philippe IV, en nommant
lui-même son peintre membre d'un ordre de chevalerie,
ne lui épargnait pas pour cela les épreuves et les

enquêtes accoutumées. Il ne suffisait pas de faire des chefs-d'œuvre pour être chevalier, il fallait surtout prouver sa noblesse : les difficultés commencèrent. Velazquez put heureusement fournir de sa généalogie et de sa noble naissance des preuves nombreuses, plus un cautionnement de trois cents ducats d'argent pour frais d'enquête et de certitude. Dans le fatras de ces paperasseries, il y en a de ce goût : « Le témoin n'a jamais ouï dire que Velazquez ait exercé le métier de peintre ni qu'il ait vendu aucun tableau ; il n'a pratiqué son art que pour son plaisir et afin d'obéir au roi, dont il a décoré le palais et à la cour duquel il remplit des charges honorables. » C'est la déposition qu'Alonso Cano se crut obligé de faire, tant il était généralement admis que tout labeur entraînait la mésestime, et tant il était prudent de dissimuler son gain à la société si l'on voulait en faire partie et passer pour noble. Et quel gain ! Des sommes dérisoires que l'on faisait attendre au peintre obligé de quémander. Le pauvre grand artiste n'avait pas même les trois cents ducats qu'on lui demanda en même temps que ses preuves de noblesse pour être fait chevalier. Fort à point la bourse d'un ami, greffier du roi, son collègue à la cour, s'ouvrit pour lui; on trouva sans peine le parchemin qui ennoblit, enfin le conseil des Ordres de Santiago, Calatrava et Alcantara octroya à Diego Velazquez l'habit de l'ordre avec lequel il fut mis au tombeau, le vendredi 6 août 1660, à l'âge de soixante et un ans.

Il mourut quarante jours après son retour de l'île des Faisans où l'avait appelé sa charge lors du mariage de

l'infante avec Louis XIV. Il fut d'abord soigné par le
médecin des employés du palais, mais, le malade étant de
marque, deux autres médecins de la Chambre, envoyés par
le roi, vinrent à son chevet, et, confrères de ceux de Molière,
diagnostiquèrent une « fièvre tierce syncopale subtile ».
L'archevêque de Tyr, toujours par ordre du roi, vint voir
à son tour le peintre, lui fit une longue homélie destinée à
sa consolation spirituelle, puis Velazquez reçut les derniers sacrements et mourut. Son œuvre qui survit nous
indique de quelle argile supérieure était pétri ce bel
être d'élection

Son corps fut revêtu de l'habit de son Ordre, un beau
manteau brodé de l'insigne rouge des chevaliers de Santiago, puis le chapeau, l'épée, les bottes et les éperons. On
fit brûler beaucoup de cierges autour du cadavre de celui
qui avait tant aimé la lumière, puis on le mit dans un cercueil de velours noir rehaussé d'or. La pompe fut solen-
nelle ; la musique et la maîtrise de la chapelle royale s'y
firent entendre. Nombre de gentilshommes de la Chambre
et d'attachés de toutes sortes, rendirent hommage à
celui qui, comme eux, fonctionnaire, avait fini par devenir maréchal du palais. Le cercueil fut transporté à dos
d'hommes jusqu'à la paroisse de Saint-Jean-Baptiste,
dans le caveau de don Gaspard de Fuensalida qui, en
témoignage d'affection, lui donna l'hospitalité suprême
après lui avoir prêté les trois cents ducats que réclamait
la chancellerie de l'Ordre de Santiago pour frais de pro-
cédure.

Au *Christ en croix* s'attache une légende comme aux

Menines; elle est scandaleuse. Le protonotaire d'Aragon et le comte-duc d'Olivarès, Scapin et Matamore, ayant joué vis-à-vis du roi le rôle peu honorable d'entremetteurs, le roi, en réparation de ce scandale, aurait commandé à Velazquez de peindre le Crucifié pour en faire don au couvent de San Placido à Madrid.

Philippe IV, qui suivit dans la mort son peintre d'assez près, reste vraiment une figure peu banale, mélange singulier de toutes les ignorances courantes, capable de tous les relâchements, mais de foi sincère, doué d'un réel amour pour son pays auquel il aurait voulu conserver sa grandeur. Il souffrit réellement de n'être que le témoin impuissant de sa décadence. Il était lui-même physiquement un pauvre être déchu, gâté de vilains maux : il pourrissait sa dynastie. Ses enfants naissaient moribonds. Il était environné de devins et d'astrologues. La mystique Marie d'Agréda fut l'Egérie un moment écoutée, pour le plus grand bien du souverain d'ailleurs, mais la conseillère mourut avant lui, et il connut alors l'abandon, l'abandon définitif. Il était si bien à prendre que le diable s'en empara et que, mourant, il connut les exorcismes qui tentèrent de chasser le charme dont il était possédé. Souvent, au matin, ne se trouvant pas en état de grâce suffisant pour entendre la messe, il faisait attendre le prêtre préposé, à jeun, quelquefois jusqu'à six heures après midi.

C'est pour le rachat des misères de ce roi, que Velazquez fit cette impressionnante vision du Crucifié où, malgré lui, se révèle l'Espagnol avide de réalité. Ayant

besoin d'une religion qui fasse peur, habitué à ses
terribles images, il ne craint pas la plaie qui pleure son
sang, ni les pieds et les mains cloués et rougis. Les épines
de la cruelle couronne ont déchiré le front; la tête qui
s'incline, et toute une moitié de la face disparaissent sous
les cheveux. Tout le tragique du tableau est là dans la
partie humaine et terrifiante; une lueur qui auréole
cette tête ne suffit pas à la rendre divine.

La gloire de Velazquez est à tout jamais établie par ses
portraits. Il n'est pas coloriste, il n'est pas non plus
peintre religieux comme Ribera ou le Greco. Allégoriste,
il ne l'est pas davantage ; la peinture intellectuelle ou
littéraire n'est pas son fait; c'est la réalité qui est son
royaume, la réalité qu'il rend supérieure parce qu'il la
porte à sa mesure. Inconscient, Philippe le veut employer
à toutes fins, comme un cheval que l'on peut atteler ou
monter tour à tour. Le roi ne connaît pas la différence
des besognes, il croit que son peintre va aider à sa rédemp-
tion parce qu'il lui aura commandé de faire l'image
du Rédempteur.

Le *Christ en croix* de Velazquez a un côté académique,
c'est un homme vivant, clair sur les ténèbres du
fond. Ce pourrait être un des larrons, le bon larron, celui
que Fra Angelico n'a pas su peindre, sa besogne naturelle étant de peindre Dieu lui-même, les bras ouverts,
bien à plat sur le bois de son supplice, le corps inexis-
tant, irréel, ne déchirant pas du poids de son fardeau
terrestre les mains percées, qui restent belles, pleines de
la promesse des joies futures. Les Christs du doux Floren-

tin, clairs sur leur indéfinissable fond bleu, ont l'expression du martyre subi avec bonheur : leur souffrance est une joie. C'est l'image la plus opposée aux Christs espagnols, terrifiants avec leur sang répandu. Comment ne pas craindre la vengeance du Dieu qui a tant souffert ?

Pour l'apaiser en sa faveur, c'est à peine assez que Philippe IV commande à son peintre un chef-d'œuvre. Par malheur, le Christ de Velazquez n'est ni charmant ni terrible ; éloigné de la suavité du dominicain, à peine parent des crucifiés qui suent leur agonie dans le flamboiement des cierges, sous la surcharge des églises espagnoles, il est de Velazquez. Cela certes est suffisant, mais Velazquez plaidera mal pour le roi fautif, le peintre étant loin de la foi dramatique et profonde du Greco de Tolède.

Celui-là est le mystique d'Espagne. Il sait les tourments de l'esprit, le remous des consciences. Ses Christs ou ses saints sont des apparitions livides, d'une décoloration presque absolue, avec les formes émaciées des êtres d'inquiétude. Ses portraits eux-mêmes ne sont qu'esprit ; les visages n'y ont que ce qu'il faut de matière pour vivre. On sent que toute sa vie, le peintre a fait dépense de sa cérébralité ; c'est lui, le Grec espagnolisé, qui est l'intellectuel et le mystique, le vrai contemporain de sainte Thérèse et de Loyola. Il est à l'aise ou tremble avec les saints du paradis. Il a su les peindre, il saura leur parler dans les divins entretiens.

**

La vie est faite du contraste des jours et des besognes dissemblables : Velazquez est devenu grand-maréchal du palais ; par surcroît, il est peintre. Le roi ne lui demande pas seulement de le représenter pour la postérité, mais, vivant, de ne le laisser voir qu'entouré des pompes qui impressionnent. Par ses fonctions, l'artiste est préposé aux splendeurs de la cour ; c'est lui qui préside à la luxueuse décoration des résidences royales et organise les belles fêtes du *Buen Retiro* ou des autres palais. Tout en travaillant à ce tableau de saint Antoine abbé visitant saint Paul, où on voit ces deux ermites nourris par un corbeau qui, du ciel, leur apporte un pain, il était préoccupé de son voyage à Irun où il devait préparer le logis des souverains, et aussi de la décoration de l'île des Faisans où il fallait orner le pavillon destiné aux noces royales et aux entrevues de Philippe IV et de Louis XIV, dont la jeune cour était fastueuse et avec laquelle on voulait rivaliser.

Au milieu de tant d'apparat, Velazquez végétait dans la gêne, mendiant ses honoraires qu'il n'obtenait pas toujours, renvoyé de trésorerie en trésorerie, se heurtant aux mauvaises raisons quand une seule est bonne ; payer. Vers la fin du règne, on en était là. Aussi ce fut peut-être une critique déguisée, que la représentation de ces deux anachorètes qui, très sages, s'en remettaient au ciel du soin de leur nourriture. Le corbeau qui apporte un pain dans son bec viendra toujours vers eux, puisque c'est Dieu qui l'envoie ; l'Aigle à deux têtes des orgueilleux Habsbourg ne laissait rien tomber de sa serre ; le roi n'est qu'un homme.

Le don de produire de la beauté est si merveilleux que les jours chargés des tristesses quotidiennes se changent quand on le possède en radieuses journées de beau travail où tout s'oublie. Velazquez a, somme toute, vécu comme son roi lui-même ; la magnificence masquant la gêne. La Majesté et le Maréchal de son palais se côtoyaient de leur gueuserie sans jamais en parler ; l'un et l'autre savaient que les galions de l'Inde ou du Mexique n'arrivaient pas ou tellement dégonflés que le maréchal devait solliciter ses appointements, que les gens de service étaient affamés. La table royale même était mal servie. La reine Marianne, qui aimait les sucreries, n'en avait pas à sa guise. Un jour, à la fin de son dîner, comme elle ne voyait pas sur la table les tartelettes de pâtisserie qu'elle appréciait, elle demanda pourquoi, depuis quelques jours, on ne lui en présentait plus. On lui répondit que le confiseur, à qui l'on devait déjà une grosse facture que l'on ne réglait pas, refusait d'en livrer. Otant alors une bague d'un de ses doigts, elle la tendit afin qu'on courût chercher quelques friandises ; mais un bouffon qui assistait à la scène pria la reine de reprendre la bague et, sortant de sa poche un real de cuivre, fit chercher le dessert de sa souveraine.

De même Marie-Thérèse, avant qu'elle n'épousât Louis XIV, connut dans le palais de son père la misère des maisons qui finissent, l'indigence, la mauvaise tenue. A un repas, on mit sur sa table un chapon qu'elle dut faire emporter tant il répandait une odeur incommodante. En échange, on lui présenta, sur un lit de rôties saturées de jus, un poulet dont elle était très friande ; il était couvert de tant de mouches qu'elle faillit, en le repoussant, renverser tout le plat.

Ces ermites, saint Antoine et saint Paul abbé, ont au moins le pain qu'un corbeau leur apporte. Cette peinture orna l'ermitage du Buen Retiro, et, dans son oratoire, devant ce tableau, la reine pouvait se rappeler qu'elle dut un jour ses pâtisseries à la monnaie de cuivre d'un bouffon de sa cour. Ce tableau fut le dernier de Velazquez ; c'est le plus moderne par sa matière, par sa lumière, par les proportions des figures dans le paysage, par l'admirable ciel, un des plus beaux qui aient été peints. Velazquez n'aura pas de déclin. Ce dernier tableau affirme que longtemps encore il pouvait se maintenir, sinon se surpasser encore avant de disparaître. Il est ici un des plus grands parmi les plus grands paysagistes. Poussin et Claude Gellée eussent aimé ce tableau. Il leur aurait donné la révélation de ce qu'ils ignorèrent, la révélation de la douceur grise qui est toute lumière, dont l'œuvre entière est imprégnée et dont toute la peinture moderne s'est tant inspirée.

Corot qui, le premier parmi les contemporains, débarrassa les yeux de ses confrères des noirs inutiles, trouve ses racines en Velazquez et tous les modernes descendent de Velazquez et de Corot.

Pour bien des générations encore, les yeux seront façonnés à cette manière de voir la nature, de ressentir les impressions. La lumière apporte des sensations comme la couleur, comme la forme ; elle provoque des enchantements que la silhouette des collines ou la forme des arbres ne peuvent donner. C'est elle qui rattache le ciel à la terre, qui confond les horizons à l'azur, qui se noie dans l'atmosphère.

Et c'est grâce à Velazquez et à ses descendants, que nos yeux d'Occidentaux sont désormais ouverts à la sérénité des grandes clartés, et à la transparence de leur mirage. Nos yeux regardent ce que notre esprit leur fait voir. C'est à lui que nous sommes redevables de notre vision. Au contraire des Orientaux, qui n'ont jamais vu les ombres et dont tout l'art s'exprime par le trait, nous autres Occidentaux, après avoir vu presque uniquement les ombres, nous voyons enfin la lumière, nous la voyons même jusqu'à sa décomposition, jusqu'à ce qu'elle soit dépouillée, terne, creuse.

Quand les Orientaux tissent ces tapis où les pieds foulent tant de riches couleurs, la volonté qu'ils ont de ne pas voir d'ombres leur donne un art personnel, logique, atteignant entre leurs mains son absolue perfection. Pas d'ombre, partant pas de relief ; on marche sur ces tapis sans rencontrer d'obstacles. Les ramages si prodigieusement riches de formes et de couleurs, n'ont pas de modelé, pas de relief, on n'éprouve pas en les foulant la sensation qu'on pourrait buter. Les tapis et les étoffes de notre Occident, au contraire, imitent les obstacles qui arrêtent et qu'il faudrait éviter. Ce ne sont pas ces tapis moelleux de l'Orient que l'œil caresse avant que le pied ne les écrase, où quelques fleurettes à peine sont imitées sans que jamais apparaisse le souci d'en produire le relief. On y est à l'aise ; on n'a pas le regret de froisser des choses délicates.

***

Velazquez, peintre du roi en sa superbe et de la reine en ses atours, va maintenant montrer la créature dépouillée de ses artifices. A propos des *Lances*, il aurait pu dire au roi, en lui tendant les clefs de la ville prise : « Tenez, sire, voici les clefs de votre nouvelle ville » ; de même, s'adressant à la postérité en désignant la *Vénus au miroir* qui est à la National Gallery, il pourrait dire : « Tenez, voilà ce que de mon temps, il y avait sous les vertugadins et les garde-infantes, voilà la nudité d'une madrilène au XVIIe siècle. »

Elle est souple et brune, vue de dos, pour que son visage se reflète au miroir que lui tient un amour, peint au fond du tableau, pour que, peut-être aussi, elle paraisse moins nue que si elle se présentait de face, comme sa sœur la Titienne blonde du musée du Prado. Plus latine et moins farouche, celle-ci se laisse voir en sa nudité opulente et radieuse. L'homme, que sa beauté inspire et qui sur l'orgue joue de la musique, se détourne et se penche vers elle. Dans le fond est une vasque où un jet d'eau pleure sans bruit ; une biche dans l'herbe est au repos ; un paon boit.

La Vénus du Titien n'a jamais été habillée, celle de Velazquez, moins paisible, est dévêtue ; son corps souple

et fin se déploie, ondule, se creuse ; la saillie des han-
ches se développe en une belle courbe qui descend jusqu'aux genoux, fléchit un instant et repart jusqu'au
pied. Le contour de la silhouette est nerveux : cette nudité est déjà très moderne. Il se dégage d'elle on ne sait
quelle inquiétude qui fait qu'on voit le modèle vêtu dans
la rue, un châle à effilés noirs se jouant sur ses talons,
un éventail toujours frémissant occupant ses doigts.

Elle est vraiment près de nous, cette femme, elle peut
rire, elle a dû pleurer, elle sera aux taureaux, elle sera à
la danse, elle roulera des cigarettes dans la manufac-
ture de Séville, ou, à demi gitane, elle portera un gros
accroche-cœur collé sur la tempe, au-dessus de l'oreille,
près d'une tubéreuse au parfum irritant.

Ce tableau a dû choquer. On ne peint pas de nudités
en Espagne. Velazquez semble d'ailleurs moins à l'aise
ici que pour camper Olivarès sur son cheval ou peindre
la poitrine velue des *Borrachos*. Il faut une santé morale
très forte pour aimer et comprendre le nu ; je ne veux
point dire que Velazquez en manquait, mais il avait celle
de son temps. S'il représentait si impérieusement les
robes, les pourpoints, les êtres qu'il avait sous les yeux,
c'est que son temps ne comprenait pas autre chose, ne
voulait pas autre chose et ne se familiarisait pas avec
la mythologie dont les œuvres de Titien et de Rubens
avaient seulement amené la mode passagère.

Chaque chose vient à l'heure qui convient à son culte.
L'Espagne n'est pas la Grèce ; elle ignorera toujours le culte
de la beauté nue. Dans l'œuvre de Velazquez, la *Vénus au*

Miroir est isolée au milieu des graves figures dont les modèles se fussent détournés de sa grâce dévêtue; Philippe IV, seul, eut peut-être écarté ses doigts en se voilant la face. *La Maja desnuda* est également une exception dans l'œuvre de Goya qui n'a peint sa Maja que parce que Velazquez a peint sa Vénus. On a contesté que ce beau corps dévêtu soit l'œuvre du peintre des bouffons et des nains ; on le voulait du Titien, il est bien de Velazquez. Une preuve, à mon sens, de son authenticité, c'est que Goya, qui a toujours eu pour Velazquez la plus grande admiration, qui grave ses portraits et garde son culte, n'a dévêtu sa *Maja* après l'avoir habillée, que pour mettre une seconde nudité à côté de celle que le grand ancêtre avait peinte un siècle plus tôt.

L'école espagnole est chaste. Elle ne connaît peut-être pas d'autres peintures des formes féminines que ces tableaux de Velazquez et de Goya. Il est vrai que la production de l'école est restreinte, et que sa maîtrise, qui fut éblouissante comme sa gloire historique, ne dura pas plus longtemps qu'elle !

TABLE DES MATIÈRES

TABLE DES PLANCHES

ÉVREUX, IMPRIMERIE CH. HÉRISSEY, PAUL HÉRISSEY, SUCC^r

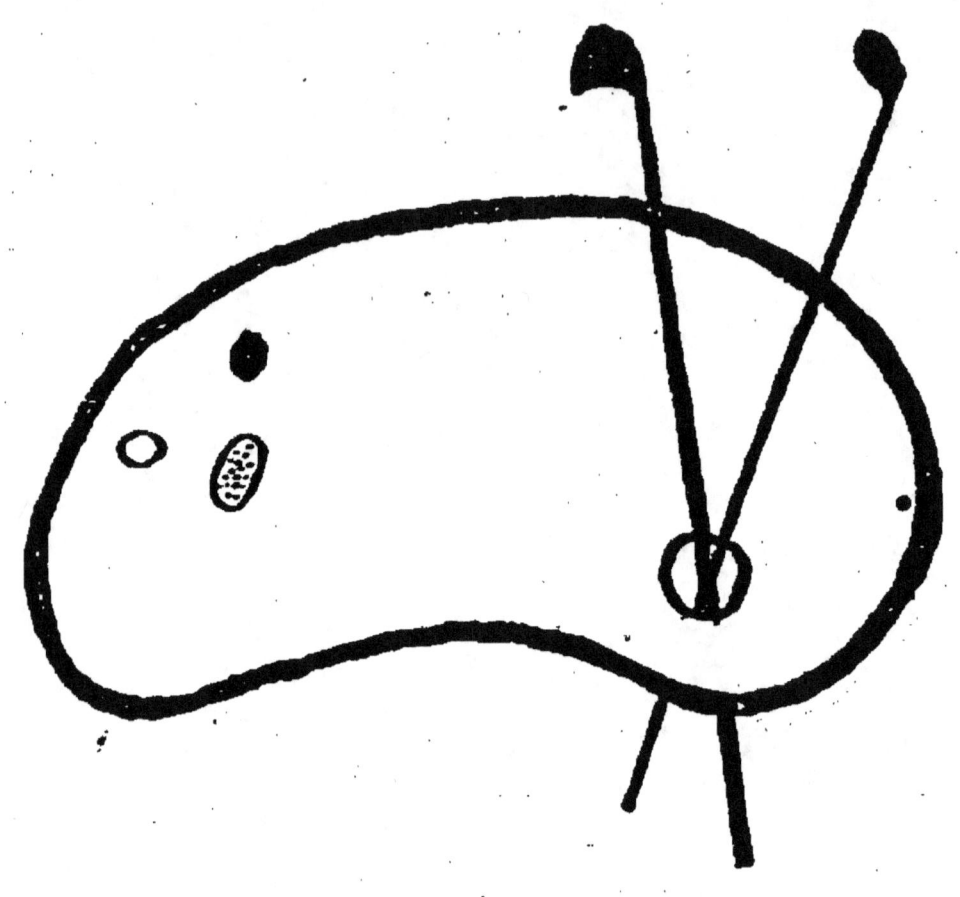

ORIGINAL EN COULEUR
NF Z 43-120-8

www.ingramcontent.com/pod-product-compliance
Lightning Source LLC
Chambersburg PA
CBHW071532220526
45469CB00003B/752